김양재 목사의 부부사랑 지침서

사랑받고 사랑하고

김양재 지음

김양재 목사의 부부사랑 지침서

사랑받고 사랑하고

초판발행일 ㅣ 2018년 6월 1일
초판 4쇄 발행 ㅣ 2022년 1월 19일

지은이 ㅣ 김양재

발행인 ㅣ 김양재
편집인 ㅣ 김태훈
편집장 ㅣ 정지현
편집 ㅣ 김수연 진민지
디자인 & 캘리그라피 ㅣ 김여진
일러스트 ㅣ 전혜령

발행한 곳 ㅣ 큐티엠
출판 신고 ㅣ 제2017-000130호 (2017년 10월 20일)
주소 ㅣ 경기도 성남시 분당구 판교공원로 2길 22, 4층 큐티엠 (우)13477
편집 문의 ㅣ 070-4635-5318
구입 문의 ㅣ 031-707-8781
팩스 ㅣ 031-8016-3193
홈페이지 ㅣ www.qtm.or.kr   **이메일** ㅣ books@qtm.or.kr
총판 ㅣ (사)사랑플러스 02-3489-4300

ISBN ㅣ 979-11-962393-2-9 03230

COPYRIGHTⓒ 2018. QTM

**큐티엠(QTM, Quiet Time Movement)은 '날마다 큐티'하는 말씀묵상 운동을 통해
영혼을 구원하고, 가정을 중수하고, 교회를 새롭게 하는 일에 헌신합니다.**

이 도서의 국립중앙도서관 출판예정도서목록(CIP)은 서지정보유통지원시스템 홈페이지(http://seoji.nl.go.kr)와
국가자료공동목록시스템(http://www.nl.go.kr/kolisnet)에서 이용하실 수 있습니다. (CIP제어번호: CIP2018015386)

사랑받고 사랑하고

부부가 서로 사랑받고 사랑하는 것이 너무나 중요하지만,
서로 수치와 무시를 잘 감당하는 것도 중요합니다.

프롤로그

아내들이여 자기 남편에게 복종하기를

주께 하듯 하라

이는 남편이 아내의 머리 됨이

그리스도께서 교회의 머리 됨과 같음이니

그가 바로 몸의 구주시니라……

남편들아 아내 사랑하기를

그리스도께서 교회를 사랑하시고

그 교회를 위하여 자신을 주심같이 하라

엡 5:22-25

교회에서 올리는 결혼예배 주례사나 부부생활을 다루는 설교에 자주 등장하는 에베소서 말씀입니다. 굳이 신결혼信結婚 하는 결혼식장이 아님에도 주례자가 이 말씀을 인용하는 것을 흔히 듣게 됩니다. 남녀가 함께 한 가정을 이루고, 한 몸이 되려면 아내는 남편에게 복종하고, 남편은 아내를 사랑하는 것이 가장 중요합니다. 그러나 이 말씀을 곧이곧대로 듣다 보면 '지금 때가 어느 때인데, 이런 소릴 하나' 생각할 수 있습니다. 아내가 몸종도 아닌데, 남편에게 복종하라니요. 여성의 권익이 신장된 이 시대에 여간 고리타분한 얘기가 아닐 수 없습니다. 이 말씀을 구속사적 관점으로 이해하지 않고 그저 세상 가치관으로 이해하면 받아들이기도 힘들고, 피차 순종하기도 어렵습니다.

여기서 복종이란 남편의 세상적 권위에 무조건 복종하라는 것이 아닙니다. 아내로서 주어진 그 역할에 순종하라는 것입니다. 물론 남편도 남편에게 주어진 역할에 순종해야 합니다. 하나님이 주신 아내와 남편의 역할에 피차 순종하라는 것입니다.

"남편들아 아내 사랑하기를 그리스도께서 교회를 사랑하시고 그 교회를 위하여 자신을 주심같이 하라"는 말씀도 마찬가지입니다. 남편만 아내를 사랑하라는 것이 아닙니다. 아내도 남편을 사랑해야 합니다. 사랑은 아내만 받는 것이 아니고, 남편도 아내의 사랑을 받아야 합니다. 피차 사랑하라는 것입니다.

남녀를 불문하고 그리스도의 사랑으로 자녀가 되어 하나님을 본받는 자 된 우리가 가장 먼저 그 본을 드러내야 할 곳은 가정입니다. 우리가 이 땅에서 한 가족으로 맺어진 이유는 오직 구원 때문입니다. 그 구원을 위해 아내나 남편이나 피차 복종하고 피차 사랑하라는 것입니다.

그렇다면 과연 우리는 어떻게 남편에게, 아내에게 피차 복종하고 피차 사랑할 수 있을까요?

하나님은 그 진리를 이 에베소서 5장 22-25절 말씀으로 선포해주셨습니다.

이 책은 이 에베소서 말씀을 비롯하여 제가 지난 15년여 동안 부부생활과 관련해 언급했던 설교와 어록을 모아 엮은 것입니다. 그리고 극심한 남편 고난, 아내 고난 가운데서도 말씀을 붙잡고 인내하여 결국 훼파되었던 가정을 중수重修한 우리들교회 성도들의 생생한 간증을 담았습니다. 이 눈물 어린 간증들이 하나님의 말씀이 진리이고, 고난이 축복임을 증명하고 있습니다.

이 책을 통해 하나님께서 우리 한 사람 한 사람에게 배필을 주시고 가정을 허락하신 뜻을 잘 헤아리시기 원합니다. 그리고 지금 혹 위기에 처한 가정이 있다면 이 한 권의 책을 통해 부부생활의 지혜를 넉넉히 얻음으로 가정을 중수하고, 하나님의 거룩을 이루어가는 부부 되시기를 소원합니다.

2018년 5월 가정의 달에

차례

제2장 사랑받고

제3장 사랑하고

제4장 사랑의 신비

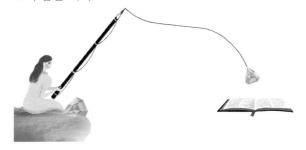

제1장

피차 복종함으로

그리스도를 경외함으로 피차 복종하라

(에베소서 5:21)

서로의
구원을
위해

  20대 초반의 나이에 결혼한 어느 여자 집사님이 계십니다. 여성들의 평균 결혼 연령이 30세를 넘어서 버린 요즘 같아선 매우 이른 나이에 한 남자의 아내가 된 분입니다. 그런데 남편도 나이가 어리다 보니 신방을 꾸린 지 얼마 안 되어 군에 입대하게 되었습니다. 신혼의 달콤함은 잠시 잠깐이 되고 말았습니다.

  졸지에 독수공방 신세가 된 탓일까요? 그 젊은 아내에게 그만 문제가 생겼습니다. 남편을 군에 보내고 난 아내는 직장을 다니며 영업사원으로 일했는데, 고객으로 다가온 남자들과 부적절한 관계를 맺고 만 것입니다. 남편이 군에 입대한 지 6개월도 안 되는 시간에, 그것도 여러 남자와 일회성으로 만났다고 합니다.

  첫 휴가를 나왔다가 이 사실을 알게 된 남편은 너무 큰 충격을 받고 전전긍긍하다 귀대날짜도 지키지 못해 졸지에 탈영병 신세로 전락하고 말았습니다. 신혼 초에 아내는 바람이 나고, 남편은 탈영하고…… 그런데 더 기가 막힌 것은 이 젊은 부부가 귀한 집안의 자녀들인 데다 또 고학력의 엘리트 출신이라고 합니다. 귀한 집안의 자식이거나 제아무리 많이 배운 엘리트라 하더라도 이런 일이 일어날 수 있습니다.

게다가 이 아내 집사님은 교회도 열심히 다니는 분이었습니다. 반면 남편은 믿음이 전혀 없었고요. 그런데 이 남편이 아내의 외도 사실을 알고 난 이후에도 아내를 원망하거나 탓하지 않고 계속해서 부인을 사랑하고 지켜주었습니다.

아내는 자신의 잘못을 탓하지 않는 남편에게 큰 상처를 입힌 죄책감을 떨쳐버리기 위해서 그때부터 더욱 열심히 새벽기도를 다녔습니다. 그뿐 아니라 어마어마한 금액의 건축헌금을 작정하고는 그것을 마련하느라 넉넉한 가정형편에도 불구하고 도우미 일, 어린이집 교사 일까지 했다고 합니다.

이분이 최근에 정신과에 가서 상담을 받으며 과거의 삶을 털어놓았더니 의사가 "너무 개념 없이 살아서 그렇다"고 했답니다. 한마디로 이 집사님의 고난은 무개념으로 살아온 삶의 결론이었습니다. 상대를 사랑하는 것도 아니면서 부적절한 관계를 가졌고, 회개함도 없이 그저 내 열심으로 그 주홍글씨를 지우려고 종교생활을 했던 것입니다.

그런데 너무 과다한 건축헌금을 작정하고 이를 지키려다가 그만 빚까지 얻어 쓰는 바람에 결국 가정경제도 파탄이 나고 말았습니다. 그러고는 되레 남편에게 "이혼하자" 했답니다.

참 답 없는 아내인데, 그럼에도 남편은 꾹꾹 참으며 이 아내를 오랫동안 사랑으로 받아주었습니다. 한쪽은 교회 나오고 다른 한쪽은 교회에 안 나오는데, 교회 다니는 사람이 사고를 치고, 용서하고 수습하는 것은 믿음 없는 사람이 했습니다. 거꾸로 되어도 한참 거꾸로 된 것입니다.

여러분, 어떤가요? 이 남편이 믿음 없어도 너무 괜찮아 보이지 않습니까?

그런데 그렇게 오랫동안 참고 기다리며 아내가 돌아오기를 바라던 남편이 세월이 지난 뒤 외도를 하기 시작했답니다. 아내 집사님의 표현에 의하면 '내가 바람피울 때보다 훨씬 더 오랫동안, 징글징글하게' 외도를 하고 있다는 것입니다. 그러니까 정말 사람은 믿음의 대상이 아닙니다.

아무튼 이 집사님은 정작 남편이 외도하자 과거에 남편이 힘든 것을 얼마나 잘 참아주었는지 깨닫게 되었습니다. 그러나 또 한 편으로는 너무나 괴로웠습니다. 그런데 그때 비로소 하나님의 말씀이 들리기 시작하더랍니다. 새벽기도는 물론 각종 집회를 다녀도 들리지 않던 말씀이 들리기 시작한 것입니다. 내 열심으로 건축헌금을 하고 갖은 헌신을 하던 시절에는 하나도 안 들리던 말씀이 남편이 외도함으로 내 고난이 시작되니까 조금씩 들리기 시작했다는 것입니다.

그제야 자신이 죄인이라는 것도 깨달아졌습니다. 남편이 십 년이 넘도록 외도를 하여도 자신은 할 말 없는 죄인임이 깨달아진 것입니다. 그리고 이 기가 막힌 사건을 겪고 나서야 '주 안에서 갇혀' 가정을 지키면서 복종하게 되었다고 고백했습니다.

지금 이분의 사명은 오직 남편의 영혼 구원입니다. 교회에서도 얼마나 헌신적인지 모릅니다. 수치스러운 이 이야기를 설교 때도 공개하고, 책에 소개해도 되겠냐고 물었더니 흔쾌히 허락해주셨습니다. 주 안에, 남편 안에 갇혀서 '너희를 권하는 자'(엡 4:1)가 된 것입니다.

가성 냉세가 파탄이 난 이후 이 집사님은 한 달에 100여만 원을 가지고 아픈 딸 병시중까지 들며 겨우겨우 생활해간다고 합니다. 남편은 여전히 외도 중이고, 집도 경매에 들어가기 직전입니다. 문자적으로도 갇혀서 살고 있습니다. 그런데 재작년 어버이날에 10만 원을 준비해서 남편에게 건네주며 "내가 내 어머니하고 함께 살아온 날보다 당신하고 살아온 날이 더 많더라. 우리 엄마보다 당신이 더 많이 나를 돌봐주고 보호해주었으니 어버이날에 내 부모님 선물 챙기는 것보다 당신에게 더 선물하고 싶다"고 했답니다.

그랬더니 평소엔 눈도 한번 잘 안 맞추던 남편이 신용카드 하나를 딱 건네주면서 "비상시에 써!" 이러더라는 것입니다. 그동안 남편 역시 없는 형편에 바람까지 피우느라 얼마나 삶이 궁색했겠습니까? 그런 남편의 마음을 움직이게 한 것입니다.

이 집사님의 하루 일과는 오직 딸 데리고 병원 오가는 일과 교회 다니는 것이 전부입니다. 이런 삶 가운데서 주 안에서 갇힌 자가 되니까 이렇게 돈이 없어도 남편에게 10만 원을 선물로 주는 적용을 할 수 있었던 것입니다. 그리고 그동안 불효했던 친정어머니에게도 조금의 용돈을 드리고 있습니다.

친정어머니가 시집간 딸이 돈 없어서 어렵게 사는 거 어찌 모르겠습니까? 그렇지 않습니까? 어렵게 사는 딸네에 무슨 돈이 있다고, 부모 입장에서 그 돈을 받겠습니까? 게다가 이 친정어머니도 과거 딸이 지은 죄로 인해 사위 앞에서 늘 죄인처럼 살아왔는데……. "안 받겠다, 안 받겠다" 극구 사양했지만, 기어코 이 집사님은 친정어머니에게 매달 용돈을 드리는 적용을 했습니다. 그랬더니 평강이 물밀듯 밀려왔다고 합니다.

날마다 무시하고, 폭력을 일삼고, 숨도 제대로 못 쉬게 굴다가 딴 여자와 눈이 맞았는지 아예 집을 나간 남편이 오늘 드디어 파산했다는 소식이 들린다면, 불치병에 걸렸다는 소식이 들린다면 우리는 과연 어쩌겠습니까? "쌤통이다. 천벌을 받았다. 고소해 죽겠네" 할 것입니다. 우리가 대개 그렇지 않습니까?

비록 이혼남이긴 했어도 '돈 많고 잘생겨서' 그 남자와 결혼한 여 집사님의 이야기입니다.

돈 많은 남자와 결혼했으니 강남에서 여유로운 삶을 살며 '고생 끝 행복 시작'인 줄로만 알았습니다. 그러나 얼마 못 가 남편은 전처로부터 얻은 아들을 데려왔고, 딸을 출산함과 동시에 남편의 무관심, 외도, 폭언, 폭력이 시작되었습니다. 이 집사님은 비단 치마 속에서 넝마 같은 인생을 살면서 눈만 뜨면 이혼을 생각했습니다. 하지만 딸에게 결손가정의 아픔을 물려주기 싫어 이를 악물고 참았습니다. 그렇게 참고 또 참으며 살았는데, 6년 후 그 남편은 부도를 내고 외국으로 도망을 가버리고 말았습니다. 남편이 퍼질러놓은 빚 때문에 법정에도 불려가고, 채권자들에게 미행과 협박까지 당하는 두려움 속에서도 뒤처리를 잘 하려고 애썼는데, 남편은 오히려 국제전화로 욕을 하며 지적질을 해댔답니다.

그런데 '이런 남편과는 더는 살 수 없다' 싶어 이혼을 결심할 무렵 교회로 인도된 이 집사님은 이후 말씀이 들리면서 자기 죄를 보게 되었고, 남편과 이혼 생각도 접고, 오직 남편이 구원되기만을 기도하고 있습니다.

아브라함이 그랬습니다. '그렇게 따로 놀던' 롯이 망하게 되었다는 소식을 듣고는 "잘됐다. 고소하다"가 아니라 "이제 구원의 때가 왔구나" 했습니다. "이때라, 이때라" 찬양하며 롯의 구원을 위해 기도하기 시작했습니다(창 18:20-33).

가정의 질서인 남편에게 순종한답시고 믿지 않는 남편을 핑계로 주일예배도 안 드리고 신앙생활을 저버리는 경우가 있습니다.

그러나 그것은 구원과는 전혀 상관없는, 내가 편하기 위한 순종입니다. 그렇게 하면 남편의 전도는커녕 본인의 믿음까지 잃게 마련입니다. 믿지 않는 남편이라도 가정의 머리로 인정하고 순종해야 하는 최종 목적은 오직 구원을 위해서입니다. 내 속이 편하라고, 내가 인정받기 위해서 하는 것은 순종이 아니라 맹종입니다.

하나님은 악하고 음란한 이 세상의 구원을 위해서 하나님을 멈춰 서게 하는 일꾼을 필요로 하십니다. 아브라함이 그 일꾼으로 선택되었듯 우리도 나의 배우자의 구원을 위해 선택되었습니다. 하나님은 우리가 그 전령자로서 그 일을 하기 원하십니다. 그러므로 우리는 배우자의 구원을 위한 하나님의 전령자로서 그 어떤 장벽이 가로막고 있어도 피차 복종함으로 그 역할을 잘 감당해야 합니다.

적용하기

-

지금 나는 나의 배우자에게 잘 복종하고 있습니까?
그 복종을 가로막고 있는 것은 무엇입니까?

피차
종노릇
함으로

저는 학창 시절 시험 볼 때가 되면 밤잠도 못 자고 열심히 공부하고 열심히 기도했습니다. 하지만 결혼을 위해서는 그렇게 열심히 기도하지도, 준비하시도 않았습니다. 남편이 저를 너무 좋아해 주고, 성실하니까 결혼하면 당연히 제게 잘하리라고 생각했습니다. 그런데 그게 아니었습니다. 제 결혼생활은 행복하지 않았습니다. 그 이유는 남편 때문이 아니었습니다. 내 속에 인정받고 싶은 마음, 안목의 정욕을 누리려는 마음이 있었기 때문입니다. 남편을 전리품으로 취해서 남편이 태워주는 자가용을 타며 고고하게 살고자 한 마음 때문이었습니다. 그러니 제가 누구를 원망하겠습니까?

그럼에도 저는 왜 결혼생활 13년간 걸레질만 하며 살았을까요. 하나님이 제게 중요한 명령을 주셨기 때문입니다. 하나님이 짝지어주신 것을 사람이 나누지 못하고 제 머리가 남편이라는 것을 말씀으로 알려주셨습니다(막 10:9 ; 엡 5:23). 가정 유지하는 것을 최고의 명령으로 주셨기 때문에 화가 나고 기가 막혀도 걸레질을 하며 제 자리를 지켜야 했습니다. 그리고 가정의 질서를 깨지 않고 잘 순종했더니 저를 이렇게 빛난 인생으로 삼으셨습니다.

　우리가 해야 할 첫 번째 적용이 바로 서로의 배우자에게 복종하기를 주께 하듯 하는 것입니다. 아내와 남편에게 복종하기를 주께 하듯 하는 것입니다. 이것은 아내와 남편 모두 주어진 역할에 순종하며 시간 낭비하지 말라는 하나님의 명령입니다.

스스로 무늬만 크리스천이라 여기며 교회를 다니던 한 집사님이 내연녀와 해외로 여행을 갔다가 아내에게 덜미를 잡혔습니다. 이만한 사건이면 이혼을 하니 마니 육박전을 치를 법한데도 이 부부는 달랐습니다. 남편은 공동체 모임에서 그 수치의 사건을 고백하며 회개하고, 그 아내는 "내가 얼마나 완악하면 결혼한 여자에게 가장 수치스러운 남편의 바람 사건을 주셨겠느냐"며 회개했습니다. 결혼한 여자에게 남편의 바람 사건은 해, 달, 별이 떨어지는 사건인데, 그 아내에게는 그 사건을 감당할 만한 믿음이 있었던 것입니다.

이 사건 이후 서로 구원받고, 천국만 바라보며 교회도 잘 섬기고, 정말 믿음 좋은 크리스천의 삶을 살아가고 있는데, 이 부부에게 또 다른 고난이 닥쳤습니다. 아내가 암에 걸린 것입니다. 교회 주일학교 부서 야외 모임에 간 아내가 다른 교사들과 닭싸움을 하다가 골절을 당해 병원에 갔는데, 뜻밖의 암이 발견되었습니다. 눈물의 골짜기를 지나온 아내는 "지금 죽어도 천국에 간다"며 평강을 누렸지만, 남편은 "아내가 천국에 가면 아들과 어떻게 살아야 할지 두렵다"고 했습니다. 남편은 "아내의 콩팥에서 10cm나 되는 암이 자라기까지의 시간이 제가 바람피운 만큼의 세월임이 깨달아진다"며 회개의 눈물을 흘렸습니다. 그리고 "내 죄 때문에 아내가 수술대에 오른 것 같다. 아내의 생명을 연장해달라"고 히스기야처럼 눈물의 기도를 드렸습니다. 자기 죄를 고백하며 드린 그 기도 덕분에 아내는 신장암 3기에도 불구하고 전이되지 않았고, 공동체의 기도로 환자의 경계를 잘 지키며 지내고 있습니다.

이렇듯 자기 죄만 보고, 서로의 구원을 위해 피차 종노릇하다 보면 그 가정은 곧 천국이 될 것입니다. 서로 기뻐서 주께 하듯 순순히 내 배우자에게 복종하는데, 다툴 일이 뭐가 있고, 맘 상할 일이 뭐가 있겠습니까? 정말 천국이 따로 없을 것입니다.

그런데 부부가 서로 복종하기가 말처럼 쉽지 않습니다. '복종'이란 남의 명령이나 규칙을 무조건 따르는 것입니다. 내 의사와 관계없이 '시키는 대로 하는 것'입니다. 싫든 좋든 반드시 해야 하는 것이기에 우리는 복종하는 것이 참 힘듭니다. 순종하면 기쁨이 따르지만 복종하면 왠지 손해를 보는 것만 같고 뭔가 억울한 것 같습니다. 그래서 복종이란 말만 들어도 마음이 불편합니다. 내 마음에 들지 않을수록, 하기 싫은 일일수록 더욱 복종하기가 힘듭니다.

그런데 주님은 "피차 복종하라"고 하십니다. 도대체 무엇을, 어떻게 복종하라는 것입니까?

바로 여기에 구속사의 비밀이 있습니다. 구속사가 깨달아지면 복종이 쉬워집니다. 먼저 자기 죄를 봐야 합니다. 자기 죄를 못 보면 복종할 수가 없습니다. 앞서 소개한 집사님이 어떻게 남편에게 복종했습니까? 남편의 징글징글한 외도사건에도 불구하고 자신의 외도, 자신의 무개념, 자신의 죄를 먼저 깨닫지 않았습니까? 그러니 남편이 바람을 피워도 그 남편에게 복종할 수 있었습니다.

그렇습니다. 돈 잘 벌어다 주는 남편이라면 누군들 복종을 못 하겠습니까? 문제는 남편의 알코올중독에, 무능력에, 가정환경의 약점에, 그 무거운 짐에 복종하라는 것입니다.

그런데 남편이 실직하는 바람에 가장의 무거운 짐을 대신 지겠다고 돈벌이에 나선 아내가 있다고 합시다. 그러고는 "내가 이렇게 밖에서 열심히 돈 버는데 당신은 왜 집안일을 안 도와줘? 밥이라도 좀 해놓지!" 한다면 이게 복종인가요, 아닌가요?

무거운 짐을 지면서도 이렇게 생색을 내는 것은 결코 복종이 아닙니다. 내 죄 때문에 남편에게 복종하는 것이 아니라 돈에 복종하는 것입니다. 출세하려고 직장 상사에게 굽신거리는 것도, 졸지에 백수가 된 남편이 돈을 벌어오는 아내 앞에서 스스로 작아지는 것도, 돈 잘 벌어오는 남편에게 세상적으로 너무너무 잘하는 것도 마찬가지입니다. 그 마음에 돈이 왕 노릇 함으로 행해지는 복종은 복종이 아닙니다. 십자가 적용이 아니라 인간적인 노력으로 잘하는 것 또한 복종이 아닙니다.

내 배우자가 맘에 들지 않아도, 상종하기 싫어도 '그리스도를 경외함으로' 복종해야 하는 것입니다. 내 배우자의 능력, 인격 때문에 복종하는 것이 아니라, 예수님을 내 주로 시인하고 경외한다면 주께 복종하듯 배우자에게도 복종하라는 것입니다. 경외함도 결국 복종하는 것입니다.

유치부 시절부터 교회에 열심히 다니고, 청년부 시절에는 각종 봉사와 전도, 선교에 헌신하며, 새벽기도도 거의 빠지지 않던 전형적인 '교회 오빠'가 있었습니다. 대학을 마치고 유학을 다녀온 후에는 대기업에 입사하여 기독신우회 리더까지 했습니다. 이만한 교회 오빠가 흔치 않기에 수십 명이 넘는 교회 자매와 소개팅을 했지만, 정작 자기 마음에 드는 '믿음도 좋고 세상적인 기준도 다 갖춘' 자매가 없었습니다. 이리저리 재느라 마땅한 배필을 만나지 못하다가 겨우겨우 제 기준에 합당해 보이는 자매를 만나 3개월 동안 연애하고 결혼예비학교까지 수료하며 마치 권능이 임한 것처럼 화려한 결혼예배를 드렸습니다.

하지만 막상 결혼하고 나니 모든 상황이 달라졌습니다. 도덕적으로나 성품으로나 착하기 그지없는 이 교회 오빠는 자기보다 믿음이 없고, 감정적이며, 물질을 추구하는 아내를 정죄하기 시작했습니다. 이후 부부 갈등이 심해져서 이런저런 상담도 받고 함께 여러 프로그램에도 참여했지만, 서로를 옳고 그름으로 판단하고 정죄하기에만 바빴지 복종함을 몰랐기에 갈등의 폭을 좁히지 못했습니다. 결국 아내 쪽에서 그런 현실을 견디지 못하고 이혼소송을 제기했습니다. 착하고 성실하게 살아온 이 교회 오빠 같은 남편은 아내의 이혼소송이 이해되지 않았습니다. 남편에게 복종하지 않는 아내의 죄만 보였지, 아내에게 복종하지 않는 자기 죄는 보이지 않았기 때문입니다.

하나님은 그를 더욱 낮아지는 환경으로 인도하셨습니다. 아내가 이혼소송을 걸며 아들도 만나지 못하게 한 것입니다. 그런 고난 가운데 그는 교회 지체들의 권면으로 양육훈련을 받게 되었습니다. 그리고 양육훈련을 받으면서 결혼의 목적이 행복이 아닌 거룩임을 알게 되었습니다. 무엇보다 아내의 죄가 아닌 자기 죄가 보이기 시작했습니다. 그렇게 자신의 부족함을 깨닫게 되니 아내를 향한 원망과 미움도 조금씩 사라지고, 매사 '옳소이다'가 되었습니다. 자신의 거룩을 위해 아내가 수고했다는 것도 깨달아졌습니다.

이후 그는 2년이 넘는 소송 기간 동안 어떻게 해서라도 가정을 지키고자 노력하며 아내에게도 수없이 용서를 구했습니다. 그리고 몇 개월 전에는 이혼소송이 기각되어 '이혼은 면하나 보다' 했는데, 그 기대와는 달리 아내는 다시 항소를 했답니다.

이 집사님은 가정이 회복되는 것만이 쉼을 얻는 것인 줄 알았는데, 이 사건을 통해 변하지 않는 힘든 환경 때문에 말씀과 예배를 사모하게 되는 것이 진정한 쉼을 얻는 길임을 배우게 되었다고 합니다. 자신에게 복종하지 않는 아내의 죄만 보고, 아내에게 복종하지 않은 자기 죄를 보지 못했기에 아내로부터 이혼소송을 당하고 나서야 이 사건이 자신의 구원을 위해 하나님이 허락하신 사건임을 깨달은 것입니다.

그렇습니다. "아내는 남편에게 복종하라"는 것은 남녀를 차별해서 하는 말씀이 아닙니다. 아내의 머리가 남편이고, 남편의 머리가 그리스도이기 때문에 '주께 하듯' 남편에게 복종하라는 것입니다. 당장 내 남편에게 복종하기는 힘들어도 주님께 복종하는 것, 내게 주어진 역할에 순종하라는 것입니다. 이것이 곧 복종입니다. 그러므로 남편에게 복종하는 것은 주님에 대한 복종을 증명합니다.

남편 또한 마찬가지입니다. "아내를 사랑하라"고 하지만 그 사랑도 결국 복종하는 것입니다. 진정한 영적 리더십은 희생과 섬김을 포함하는 것입니다. 그러므로 한 가정의 리더인 남편에게는 생명을 내놓는 희생과 섬김, 사랑이 요구됩니다. 그 마음에 그리스도의 사랑이 있어야 합니다. 복종도 '주께 하듯' 하는 것이고, 사랑도 '주께 하듯' 하는 것입니다. 이처럼 예수님과 관계를 잘 맺고 있는 부부는 서로 복종하는 데 문제가 없습니다. 그러나 예수님과 관계를 잘 맺고 있지 않으면 서로의 역할을 인정하지 못하기 때문에 열등감과 우월감의 싸움이 끊이지 않게 됩니다.

적용하기
-

나는 배우자에게 상전 노릇을 하고 있습니까? 종노릇하고 있습니까?
나의 배우자 대신 내가 짊어져야 할 '무거운 짐'은 무엇입니까?

복종의
지혜

종갓집 장남인 남편과 결혼하여 "귀머거리 3년, 벙어리 3년"이라는 세상 속담대로 현모양처를 흉내 내며 시댁과 남편에게 잘 복종하던 집사님의 이야기입니다. 그분이 시댁 식구를 잘 섬기다 보니 시부모와 시누이는 비밀번호로 잠겨 있는 집 현관문을 마치 자기 집처럼 열면서 시도 때도 없이 드나들었습니다. 시누이는 수시로 자신의 남편과 아이들까지 데려와 끼니를 해결하곤 했답니다. 시댁 식구들은 주말이나 휴가 때면 늘 함께 어울리면서 돈독한 가족애를 과시했는데, 식사 준비와 치다꺼리는 모두 이 집사님의 몫이었습니다.

그럼에도 인상 한번 찌푸리지 않는 이 집사님을 보며 시댁 식구들은 좋은 며느리라고 칭찬을 아끼지 않았습니다. 이 집사님은 자신을 인정해주는 그 말에 싫은 내색 한번 못 하고 "네, 네"를 입에 달고 살았습니다. 종종 '왜 내가 이렇게 살아야 하는 걸까?'라는 자기연민에 빠지기도 했지만, 그때마다 '그래, 내가 이렇게 최선을 다하면, 식구들이 미안해서라도 언젠가는 예수님을 믿게 되겠지'라며 스스로를 위로했습니다.

하지만 가족들은 예수 믿는 이 집사님을 점점 더 무시하면서 교회에 나가지 못하게 은근히 눈치까지 주었습니다. 결국 이 집사님은 육체적, 정신적으로 황폐해졌습니다. 사람에 대한 원망의 악이 쌓이고, 그런 자기 자신에게 실망하면서 마음속에 끊이지 않는 분쟁이 반복되었습니다. 복종이 오히려 독이 된 것입니다. 그런데 '감사하게도' 그때부터 점점 자신이 인정 귀신 들린 자라는 것이 깨달아지더랍니다. 돈이 있는 시댁에 억지로 봉사하면서 속으로는 미움의 죄를 저지르고 있는 자신의 악한 모습을 보게 된 것입니다.

요즘도 시댁 식구들의 잦은 방문은 계속되고 있지만, 예전엔 무조건 비위를 맞추던 이 집사님이 이제는 "글쎄요", "생각해볼게요" 하며 거절도 하게 되었습니다. 이런 모습이 익숙지 않아 어색할 때도 많지만, 오히려 진심에서 우러나오는 자발적인 복종이 되어 가족을 섬기는 마음이 더욱 절실해졌답니다. 겉으로만 복종할 때는 결코 누리지 못하던 평강도 이제야 누리게 되었다고 합니다.

할렐루야! 이것이 복종의 지혜, 지혜로운 복종입니다. 우리는 자발적으로 복종하고 사랑하고 존경하는 것이 너무나 어렵습니다. 그래서 주님은 복종하되 "지혜 없는 자같이 하지 말고 지혜 있는 자같이 하여 세월을 아끼라"(엡 5:15-16)고 하십니다.

결혼생활 내내 상습적으로 바람을 피우던 남편이 끝내 집을 나가서 다른 여자와 살림을 차리는 바람에 졸지에 혼자가 된 집사님이 계십니다. 두 아이를 데리고 생고생하며 살고 있는데 시간이 좀 지나자 남편이 이혼을 요구해왔습니다. 그러고는 아이들을 집사님에게 맡기면 양육비를 줘야 하니까 그게 아까워서 아이들까지 데려가 버렸습니다. 엄마와 고생하며 살던 아이들도 "침대가 있는 독방을 하나씩 주겠다"는 남편의 얘기에 혹해서 자기 아빠에게 가고, 결국 집사님은 혼자 남게 되었습니다.

이후 집사님은 말씀을 묵상하며 위로받고 겨우겨우 그 고난을 버텨나가고 있었습니다. 그런데 어느 날 말씀을 묵상하다가 그동안 남편을 잘 섬기지 못하고, 복종은커녕 남편을 무시하며 잘못 행동한 자신의 모습들이 떠올랐다고 합니다. 내 잘못, 내 죄가 깨달아지니 술 마시고 때리고 바람피우며 자신을 힘들게 한 남편에 대한 원망도 사라지더라는 것입니다. 게다가 갑자기 그때부터 남편이 불쌍하게 느껴졌다고 합니다. 바람이 나서 딴 여자와 살림을 차리고 아이들까지 데리고 떠난 남편을 불쌍히 여기다니요? 이 마음이 이해가 됩니까?

이혼하고 싶은 마음마저 싹 사라졌는데, 남편이 계속 이혼을 요구했기에 집사님은 한동안 고민에 빠졌습니다. 그러다 '가만히 앉아 집과 아이들을 빼앗기느니 남편의 구원을 위해서라도 맞대응을 해야겠다'는 생각이 들더랍니다. 집 나간 남편을 보아하니

유흥업소에서 만난 여자와 일시적인 사랑을 나누는 것 같아서 무조건 가만히 있는 게 상책이 아니다 싶었던 것입니다.

그래서 이혼 소장에 전후 사정을 써서 이혼소송 연기 신청을 했습니다. 그 소장에 남편 욕을 했다면서 남편과 시부모님은 물론 그 집사님 편이었던 분들까지 등을 돌리는 등 우여곡절을 겪다가 결국 남편과 그 여자가 살고 있는 아파트에 가압류를 걸어놓고, 그 아파트로 쳐들어갔습니다. 그때까지 법적으로는 자신이 부인이고 아이들도 있고 하니까 쳐들어갔지만, 그 사람들이 문을 열어줄 리 만무하지요. 그래서 경찰을 부르는 등 난리가 났습니다. 그런데 경찰도 이 집사님의 행동이 당연하다고 생각했는지, 말리지도 잡아가지도 않았습니다. 그래서 결국 당당하게(?) 그 집에 들어가 밥도 해 먹고 커피도 마시면서 같이 살았습니다.

남편은 그동안 너무 착하게 참고만 살았던 이 집사님이 그렇게까지 하리라고는 상상도 못 했을 것입니다. 그래서 평생 이 집사님을 무시했던 남편이 기가 눌렸는지 그 여자를 데리고 집을 나가버리고 말았습니다.

이 집사님도 자신이 그렇게까지 할 줄은 상상도 못 했다고 합니다. 그저 참고 포기하고 아이들만 바라보며 사는 것이 전부인 줄 알았으니 말입니다. 그런데 아이들과 남편을 사랑하는 마음이 이전엔 없던 용기를 내게 했습니다. 온전한 사랑은 두려움을 내쫓는다고 했는데(요일 4:18) 두려움이 없으니까 그런 지혜가 생긴 것입니다. 그것으로 끝이 아닙니다. 내 가정을 지키겠다는 마음으로 수치를 무릅쓰고 지내면서, 지금까지 그 누구에게도 전하지 못했던 복음을 남편의 정부情婦에게까지 전했다고 합니다.

주 안에서 온전히 사랑할 때 이런 지혜가 나옵니다. 대부분의 아내는 그런 남편과는 도저히 다시 못 산다고 할 것입니다. 꼴도 보기 싫을 것입니다. 그런데 그런 상황에서도 "당신은 절대 가정을 포기하면 안 된다"며 남편을 붙잡았으니 이 얼마나 큰 사랑이요, 지혜로운 복종입니까.

이저럼 배우자에게 피차 복종하는 것은 이기적인 우리를 주께 철저히 복종시키기 위한 훈련이기도 합니다. 주님은 남편을 통해 아내를 훈련시키시고, 아내를 통해 남편을 훈련시키시기 때문입니다.

결혼은 상대방의 사랑이나 도움, 이해를 받기 위해 하는 것이 아니라 서로의 무거운 짐을 더 많이 지기 위해 하는 것입니다. 그러므로 결혼은 '이 어려운 짐을 저 사람하고는 같이 질 수 있겠다'는 확신이 들 때 해야지, 그저 나를 이해해주고 사랑해준다고 해서 얼른 결혼하는 것은 성숙하지 못한 생각입니다. 더 나아가 결혼은 그 가족과 형편 전부를 같이 짊어지고 가기 위한 것입니다. 서로 다른 성격에다 서로 다른 환경에서 살던 두 남녀가 결혼하면 부대끼는 것이 참 많습니다. 상대방이 살아온 방식을 따르기가 참 힘듭니다. 이 모든 것에 복종하기란 결코 쉽지 않습니다. 그래서 인간적인 자질이나 능력이 뛰어난 사람끼리 결혼하면 상처를 주고받기 십상입니다.

그러므로 남편의 사연을 껴안고 아내의 사연을 껴안아야 합니다. 내 짐을 나누는 것이 아니라 배우자의 짐도 내가 지고자 할 때 복종의 언어, 사랑의 언어가 나옵니다. 부부간에 연합이 이루어집니다. 그러나 우리가 아무리 사랑의 언어, 복종의 언어를 써도 완전한 사랑은 하나님의 사랑밖에 없습니다. 부부가 같이 살다 보면 아픔이 있고, 슬픔과 다툼이 있습니다. 그래서 우리는 손 모아 주님 앞에 기도해야 합니다. 아무리 사랑과 복종의 언어를 써도 내가 하나님을 모르면 다 헛된 것입니다.

적용하기

-

나는 지혜로운 배우자입니까? 무지한 배우자입니까?

내 배우자에게 지혜롭게 복종하기 위해 내가 당장 실천해야 할 일은 무엇입니까?

주 안에
갇힌 자가
되어

요즘엔 배우자의 빚 때문에 위장 이혼하는 경우가 허다합니다. 그런데 그렇게 위장 이혼했다가 나중에 합치지 못하고 완전히 이혼하는 경우를 많이 봤습니다. 제가 섬기는 교회에도 배우자의 빚 때문에 이혼했다는 성도들이 한둘이 아닙니다. 소그룹 모임에서도 남편이 주식 투자한다면서 집을 다 들어먹고, 아내의 낭비벽을 감당하지 못해 카드빚이 엄청나게 쌓였다는 고백을 하는 집사님이 여간 많은 것이 아닙니다. 그래서 다들 이혼해야겠다고 야단입니다. 상대 배우자 입장에서는 이런 빚까지 다 짊어지고 감당한다는 것이 너무나 어처구니없고, 힘든 일이 아닐 수 없습니다. 잘못한 것 하나 없는 배우자가 이런 상황에도 이혼하지 않고 그 상황에 갇혀 있어야 할까요? 다들 갇히기 싫으니 이혼을 하는 것입니다.

그러나 피차 복종을 위해서라면 당연히 갇혀야 합니다. 갇혀야 하는 경우는 종류별로 수도 없이 많습니다. 그렇지만 하나님 때문에 적용하고 이혼하지 않는다면, 하나님이 반드시 영육 간에, 자손 대대로 축복을 주실 것입니다.

"남편이 사업을 하면서 제 이름으로 빚을 얻었는데 사업에 실패하면서 결국 저까지 신용불량자가 됐습니다. 대학병원의 간호사로 일하고 있던 저는 직장도 그만둘 수밖에 없었습니다. 그 와중에 남편은 다른 여자와 외국으로 떠나버렸습니다. 아이를 데리고 살아야 하는데 남편도, 직장도 잃고……."

이런 어처구니없는 간증을 들은 적이 있습니다. 사업이 실패하여 가산을 탕진하고 아내까지 신용불량자로 만든 남편이 여자까지 생겨 집을 나가버렸다는 것입니다. '세상에 이런 일이'라는 TV 프로그램에 나오는 얘기가 아닙니다. 실제 제가 섬기는 교회의 한 집사님에게 일어난 일입니다. 남편에 대한 배신감과 억울함은 물론이고 앞으로 살아갈 일이 얼마나 막막했겠습니까? 당연히 이 집사님은 이혼소송을 준비했습니다. 그러던 중 우리들교회에 다니게 되면서 설교 때마다 '이혼은 안 된다, 가정을 지켜야 한다'는 말씀을 듣고는 갈등하기 시작했습니다. 그리고 그 말씀에 순종해서 이혼소송을 취하했습니다. 신용불량자로서 아이들을 데리고 홀로 사는 것이 너무나 힘들었지만, 말씀을 따라 살기 위해 애썼습니다. 돈이 없어도 없는 것에 순종하고, "이스라엘 공동체에 속해 있기만 하면 요단강을 건넌다"(수 4:10)고 하니 그때까지 믿음의 공동체에 잘 붙어 있겠다며 자신의 이야기를 지체들에게 나누고,

교회 홈페이지에도 글을 올렸습니다.

집사님이 이런 적용을 하자 꿈에도 생각지 못했던 일들이 일어났습니다. 믿지 않던 동서가 전도되었고, 남편이 남기고 간 1억 원이 넘는 빚을 시댁에서 갚아주겠다고 했답니다. 교회에 등록한 지 9개월 만에 직장에도 복직되었습니다. 처음 생각대로 이혼했다면 하나님의 뜻도 어기고, 빚도 그대로 떠안고, 아이들에게도 큰 상처가 됐을 텐데, 말씀을 듣고 지켰더니 하나님이 살길을 열어주신 것입니다.

저 역시나 남편과 말이 안 통했고, 남편에게 문자적으로 갇혔던 사람입니다. 그런데 남편의 구원을 위해 영육 간에 주 안에 갇히고, 남편 안에 갇히니까 비로소 이웃과 친지들에게 '너희를 권하는 자'가 되었습니다.

저는 남편이 아래층에서 진료를 보고 있는 병원 건물 3층에서 일주일에 한 번씩 큐티 모임을 하면서 "남편에게 갇혔다"고 나눔을 했습니다. 남편이 병원을 운영하는데, 그 병원이 잘되어야 하는데 아내가 "남편에게 갇혔다"는 이상한 소리나 하고 "내 남편(원장)이 너무 이상하다"고 하는 게 말이나 됩니까? 원장님 부인이 그런 소리를 하면 그 병원에 환자들이 오겠습니까? 당연히 안 오겠지요.

그런데 저는 병원 잘되라고, 남편 자랑하려고 큐티 모임을 한 것이 아닙니다. 병원도, 남편도 내 인생의 전부가 아니라는 것을 이미 깨달았으니 그때부터 내 삶의 아픈 부분, 내 부족한 부분을 말씀으로 해석하며 나누었습니다. 그러니 오늘날까지 이렇게 한 영혼 한 영혼을 살리는 구원의 사명을 감당하고 있는 것입니다. 내 유익 때문에 이것은 이렇게 이야기하고, 저것은 저렇게 이야기하면서 머리를 굴렸다면 저는 여기까지 못 왔습니다.

틈만 나면 병실에 들어가서 남편 몰래몰래 전도하다 보니 '하나님이 나 잘 먹고 잘살라고 예수 믿게 한 것 아니고, 병원 원장님 사모님 되게 해준 것도 아니다'라는 생각이 들어서 '병원이 잘되어야 한다'는 바람은 절로 없어졌습니다.

설령 병원이 잘되어 돈을 많이 벌어도 남편이 저에게 그 돈을 주는 것도 아닌데, 병원이 잘되면 뭐하겠습니까? 그런데 참 이상하지요? 제가 이러니까 병원이 더 잘되었습니다. 우리들교회에서도 의사 집사님들이 자기 죄와 고난을 공동체에 고백하면, 병원이 더 잘되고, 직장인들은 승진도 더 잘되는 것을 봅니다. 자기 죄를 공동체에 고백함으로 고난과 중독에서 벗어나고, 사로잡힌 곳에서 풀려났다는 소식이 여기저기서 들립니다. 이것이 하나님의 방법입니다.

저는 정말 남편과 통하는 것이 없어서 그것이 은혜였습니다. 말이 안 통하니 굳이 대화할 필요도 없었습니다. 같이 영화를 보러 가거나 쇼핑을 하거나 외출할 일이 거의 없어서, 종일 집에서 혼자 성경을 읽고, 기도도 하고, 찬송도 부를 수 있었습니다.

심지어 남편은 저와 함께 텔레비전 보는 것조차 꺼렸습니다. 좀 야릇한 장면이 나오기라도 하면 마치 저를 어린애 취급하며 "저리 가라. 저런 거 보면 안 된다" 하고 등을 떠밀었습니다. 그런데 남편 혼자 텔레비전을 보는 그 시간이야말로 공식적으로 제가 성경을 맘대로 볼 수 있는 시간이었습니다.

일주일에 한 번 모이는 큐티 모임을 위해 말씀을 깊이 묵상하려면 혼자만의 시간을 참으로 많이 가져야 하는데, 이래저래 남편과 통하지 않으니 그것이 오히려 더 큰 은혜였습니다. 남편의 구원을 위해 종일 고분고분 순종하고, 틈만 나면 성경을 읽고 책을 읽었습니다. 경건 서적은 아마 그때 다 읽었던 것 같습니다. 성경과 책을 읽는 것이 너무너무 재미있어서 밤이고 낮이고 남편이 얼른 환자 보러 가기만을 기다렸습니다. 남편에게 그렇게 갇혀서 핍박받았기에 오히려 더 하나님께 집중할 수 있었습니다. 날마다 날마다 고난과 핍박의 사건이 생기니 성경이 더 잘 깨달아졌습니다.

남편과 어디 놀러 가지 않는 것도 너무 좋았습니다. "어디 같이 좀 가자" 그러면 그게 제일 고난이었습니다. 이런 제 심정이 이해가 되십니까? 그런데 저는 그랬습니다. 누가 보면 이상하다고 할 적용을 이렇게 하고 살았습니다.

그러다 제가 어쩌다 말이 잘 통하는 언니 집에 가면 시간 가는 줄 모르고 이야기를 했습니다. 종일 이야기해도 끝이 없으니 그런 날은 성경을 전혀 볼 수가 없었습니다. 이처럼 말이 잘 통하는 사람과 있으면 성경 읽을 틈이 없습니다. 그러니 말이 잘 통하는 부부끼리 살면 성경을 잘 보겠습니까? 성경 읽을 시간이라도 있겠습니까? 생각해보세요. 부부가 서로 말이 잘 통하는 것이 마냥 축복일 수는 없습니다. 이것이 우리 믿음의 진보를 가로막을 수도 있다는 것을 생각해야 합니다.

교회에서도 보면 부부가 둘 다 믿음 좋은 경우는 극히 드문 것 같습니다. 믿음 좋은 여자 집사님들을 보면 그 곁에는 사고만 치는 남편이 있고, 믿음 좋은 남자 집사님들 곁에는 예민하게 긁어대는 아내가 있게 마련입니다. 그렇게 수고하는 배우자가 있으니 내 믿음이 진보되는 것입니다.

우리가 만날 말 통한다고 오늘은 김 집사, 내일은 이 집사, 모레는 최 집사 만나고, "형제가 연합하여 동거함이 그 어찌 아름다운고……" 이러면서 종일 어울려 다니면 성경은 언제 보고, 기도는 언제 합니까?

다시 생각해보아도 저를 가두어준 남편에게 너무나 감사합니다. 진짜 하나님이 제 남편을 저의 감시자로 세우셨다는 생각이 듭니다. 눈 부라려가며 저를 외출도 못 하게 집 안에 가둔 남편 덕분(?)에 성경만 볼 수밖에 없는 인생이 된 것은 하나님이 저를 말씀 선포자로 세우기 위한 포석이었다는 생각이 듭니다. 그래서 저는 비록 종일 성경만 볼 수밖에 없었지만, 그래도 남편이 장로님의 아들인데 그런 저를 지켜보면서 속으로는 얼마나 감동했겠습니까?

그리고 제가 오직 남편의 구원을 위해서 종일 성경을 보았기에, 이 순종이 결국 제 남편을 구원받게 하는 통로가 되었다고 믿습니다. 이것이 결국 '주 안에서 복종'이 아니었을까 싶습니다. 그렇게 복종했지만 저는 하나도 손해 본 것이 없습니다. 오히려 지금 이렇게 더 크게 쓰임 받고 있습니다.

적용하기

-

나는 지금 어디에 갇혀 있습니까?

내가 주 안에서 잘 갇혀 있기 위해 힘써야 할 것과 내려놓아야 할 것은 무엇입니까?

부부
연합의
비밀

"누구든지 언제나 자기 육체를 미워하지 않고 오직 양육하여 보호하기를 그리스도께서 교회에게 함과 같이 하나니 우리는 그 몸의 지체임이라"(엡 5:29-30)고 합니다.

결혼하면 누구나 예외 없이 자기 육체는 배우자의 것이 되고 배우자의 육체는 나의 육체가 됩니다. 첫 사람 아담도 그를 돕는 지체가 없었다면 불구와 다를 바 없었을 것입니다. 다른 성경 사본에 보면 '그 몸의 지체임이니라' 뒷부분에 '살과 뼈니라' 하는 말씀이 덧붙어 있다고 합니다. 몸에서 살과 뼈를 제외하면 남는 건 가죽밖에 없습니다. 예수님과 교회도 이런 의미에서 하나입니다.

창조주이신 예수님이 피조물과 하나라니 이 얼마나 놀라운 일입니까. 우리를 자신의 뼈와 살로 인정하시고 영광의 보좌를 떠나서 우리를 신부로 부르시는 예수님의 겸손을 생각한다면 세상 어느 배우자와 내가 한 몸이 못 되겠습니까. 그런데도 제 육체인 배우자를 미워하는 사람이 있으니 얼마나 어리석은 일입니까. 배우자는 곧 나의 육체입니다. 배우자를 미워하는 것은 자기 자신을 미워하는 것과 다를 바 없는 미련한 짓입니다. 그러므로 부부간에 분열은 어떤 이유로도 용납될 수 없다는 사실을 기억해야 합니다.

"남편과 저는 교회에서 성경에 손을 얹고 결혼했습니다. 그러나 남편은 네 차례나 바람을 피우고 결국 딴 여자와의 사이에서 아들을 낳았습니다. 그리고 딸만 낳은 저를 내쫓으려고 했습니다.

60평대 아파트를 마련하고 시부모님과 함께 살 예정이었는데 입주하는 날 시부모님과 남편은 '아들을 낳아 준 여자와 그 아들을 데려왔으니 너는 이제 우리 집에 들어올 필요 없다'고 통보했습니다. 너무나 억울하고 분해서 심장이 터져버릴 것만 같았습니다. 저는 남편의 옷을 찢고 물을 끼얹고 짐승처럼 난리를 쳤습니다. 그랬더니 남편의 마음은 더 빨리 떠나버렸습니다. 남편은 부모님을 모신다는 명분 아래 두 집 살림을 시작했습니다. 월, 수, 금은 저쪽 집으로 화, 목, 토는 이쪽 집으로 오가는 일을 허락도 없이 시작했습니다. 제가 조금이라도 문제를 제기하면 화를 내며 '이 상황을 못 잡겠으면 이혼하자'고 했습니다. 저를 6년 넘게 쫓아다니며 결혼하자던 사람으로부터 이런 대접을 받고 보니 자존심이 짓이겨져 살 수가 없었습니다."

우리들교회에는 이런 고난에 사로잡힌 분이 너무나 많습니다. 그러나 대부분 그 고난을 통해 주님을 만나고, 주 안에 갇혀 인내함으로 배우자를 구원의 길로 인도했다는 간증이 넘쳐납니다. 이 집사님 역시나 그랬습니다. 부부관계가 분열될 위기에 처한 이 고난 가운데 말씀을 통해 내 죄를 하나씩 보게 되었습니다. 남편보다 나이가 한 살 더 많은 탓에 늘 남편을 어린아이 취급했던 일, 마치 선생님처럼 야단치고 훈계했던 일들이 떠올랐습니다. 특히 수치심 때문에 공동체에 감추었던 죄가 생각났습니다. 사십 대 중반에 셋째를 임신했는데, '큰아이가 고3인데 도대체 어쩌라는 건가? 없던 것으로 해달라'며 낙태를 했던 사건 말입니다. 하도 오래전 일이라 까마득히 잊고 있었는데 남편이 다른 여자에게서 아들을 낳았다고 했을 때 제일 먼저 낙태한 죄가 떠올랐다고 합니다. '대가를 이렇게 치르는구나' 깨닫고 자신의 죄를 회개하고 나서부터는 남편을 전혀 원망하지 않았습니다.

그러나 남편의 이중생활은 여전했습니다. "매일 그쪽 집에 가도 좋으니 교회의 양육훈련만 받아라. 그러고도 마음이 안 바뀌면 이혼해주겠다"고까지 했습니다. 모든 걸 양보했더니 주님은 남편이 일주일 중 나흘이라는 시간을 하나님과 함께하도록 인도하셨습니다. 그런데 양육훈련을 받던 중 남편이 말씀으로 깨지기 시작했습니다. 혼외자 아들을 끼고 있는 것이 사랑이 아니라 집착이라는 걸 알게 되었고, '하나님께 맡기는 것이 원칙을 지키는 것이다. 이제 나는 조강지처에게 돌아가고, 아이 엄마와 아들을 떠나보내야 한다'는 것을 깨달은 것입니다. 이후 남편은 이중생활을 끝내고 집으로 돌아왔습니다.

"말씀을 삶에 적용하지 못하기에 겉과 속이 다른 삶을 살았습니다. 주님이 어떤 분인지 잘 몰랐던 저는 제게 복 주시고, 왕과 정복자로 오시는 주님만 좋아했습니다. 그러다 전문의가 되고 시간과 돈이 생기니 제 본래의 모습이 드러났습니다. '악하고 음란한 세대에 인간은 돈을 벌고자 악해지고, 돈을 벌고 나면 음란에 빠지게 된다'는 목사님의 설교 말씀처럼, 40대 중반에 종합병원 원장이 되는 등 성공한 의사가 되고 나니 눈에 보이지 않는 예수님을 배반하고 말았습니다. 저를 인정해주고 유혹하는 세상에 넘어가 외도에 빠지고 만 것입니다. 딸만 둘인 저는 대를 잇는다는 명목으로 외도 끝에 혼외 아들을 낳았고 그로 인해 저희 가정은 깨질 위기에 처했습니다. 그때는 나귀 새끼를 타신 예수님이 우리를 구원하시려고 십자가에 죽기까지 복종하기 위해 예루살렘에 들어가신다는 것을 몰랐습니다. 그러다 가정의 위기 가운데 주님의 전적인 은혜로 교회 공동체의 기도를 받으며 말씀묵상 훈련을 받게 되었습니다. 그때 말씀을 적용하여 혼외 아들을 첩과 함께 내보내고, 그 후 14년간 매주 교회 새가족들에게 저의 수치스러운 죄를 고백해오고 있습니다. 그러다 보니 주님이 왜 겸손히 나귀 새끼를 타셨는지 이제야 비로소 알게 되었습니다. 하지만 저는 아직도 십자가 지는 것이 힘들 때가 있습니다. 그럴 때마다 예수님을 십자가에 못 박은 무리 중에 제가 속해 있음을 잊지 않고, 주가 쓰시는 나귀 새끼처럼 지금의 환경에 잘 매여 있겠습니다.”

이 남편은 이후부터 주일마다 주홍글씨 같은 죄패를 이마에 붙이고 새가족 앞에서 자신의 죄를 이렇게 간증하고 있습니다. 그리고 그동안 자신이 얼마나 말도 안 되는 죄를 지으며 주위 사람들을 괴롭혔는지 이제야 깨달았다며, “오래도록 기다려준 집사람이 정말 고맙고, 사랑스럽다”고 고백합니다.

그런데 이 간증을 통해 얼마나 많은 사람이 변화되는지 모릅니다. 교회에 처음 온 새가족 앞에서 "나는 바람을 피웠다. 혼외자를 낳았다. 두 집 살림을 했다"는 간증을 스스럼없이 하는 집사님의 모습을 보고 손가락질하는 사람은 아무도 없습니다. 되레 자신의 죄를 숨기고 사는 것이 부끄러워, 무덤까지 가지고 가려 했던 죄를 비로소 오픈하는 역사가 일어납니다. "주가 쓰시는 나귀 새끼처럼 지금의 환경에 잘 매여 있겠다"는 한 사람의 간증이 많은 사람의 죄 고백과 회개를 불러일으키고 있는 것입니다.

믿음도 좋고 성품도 좋은 두 남녀가 청년 공동체에서 만나 결혼을 했습니다. 부유한 집안 출신에 배운 것도 많아 세상 고난을 모르고 살았는데, 시어머니가 고혈압으로 쓰러지면서 그 집안에 고난이 시작됐습니다. 서로 깊이 사랑한다고 생각하여 결혼했고 무척 행복한 가정을 꾸려왔는데 고난 앞에 장사가 없었습니다. 결혼의 목적이 행복이었기에 아내는 투병하는 시어머니 곁에서 그저 도망갈 궁리만 했습니다. 그리고 세상 친구들과 벗하며 살았습니다. 그러다 한 친구의 빚보증을 서줬다가 그만 큰돈을 날리고 말았습니다. 그런 죄 가운데서도 남편에게는 자기 합리화만 했습니다. '나 같은 아내 있으면 나와 보라고 해' 하는 생색을 부렸습니다.

그런데 이번에는 남편의 사업체에 큰 부도가 났습니다. 얼마나 큰 부도였는지 남편은 구속되고, 결국 파산 신청까지 했습니다. 채무 규모가 너무 커서 면책받기가 거의 불가능했답니다. 그러니 부부가 다툴 일이 얼마나 많았겠습니까?

"그때 얼마나 많이 싸웠는지 힘이 빠질 대로 다 빠져서 이제는 싸울 힘도 없습니다. 저희 부부는 서로 피해자도, 가해자도 아니고 하나님 앞에 죄인일 따름입니다. 남편이 망하지 않았더라면 여태껏 바리새인처럼 서로를 정죄하고, 서로 상처를 입혔을 것입니다. 아마도 저는 제 소견대로 살다 주님 곁을 떠났을 것입니다. 그러나 그제야 말씀이 들리고, 이 사건이 우리 가족을 구원하기 위한 것임이 깨달아졌기에 참고 견딜 수 있었습니다." 아내 집사님의 고백입니다.

감사하게도 이들 부부처럼 고난 때문에 사랑의 본체이신 예수님을 제대로 만난 분이 참 많습니다. 우리의 신랑이신 예수님은 우리를 물로 씻어 회개하게 하시고, 말씀으로 깨끗케 하시고, 양육시키셔서 거룩하게 하신다고 했습니다. 이것이 우리 인생과 결혼의 목적입니다. '결혼의 목적은 행복이 아니라 거룩'이라는 사실을 모르면 결혼생활이 평생 힘들 것입니다. 그러나 이런 시련의 과정에서도 서로에게 '내가 만난 예수님'을 전하려 애써야 합니다. 이것이 거룩해지는 과정입니다.

그렇습니다. 부부사랑의 비밀이 유별난 것이 아닙니다. 말씀을 듣고, 내 죄를 보고, 내 배우자의 영혼 구원을 위해 살면 됩니다. 부부가 연합되어 서로 사랑받고 사랑하는 비밀과 비결도 여기에 있습니다.

그런데 부부간에 연합이 안 되고, 한 몸이 되지 못하는 가정이 많습니다. 서로 사랑한다고 하면서도 한마음이 되지 못하고 한 언어를 쓰지 못해서 상대방이 뭘 원하는지도 모릅니다. 영적으로 연합되지 못한 사랑은 초점이 빗나가서 집착하고 의심하고 서로를 망하게 합니다. 사탄의 사주를 받아서 환경을 탓하고 배우자를 탓하며 혈투를 벌입니다. "당신이 아파서 여자 구실을 제대로 못 하니까 내가 바람피우는 거지", "당신이 나를 안 돌보고 날마다 미친 듯이 일만 하니까 내가 딴 남자를 만나는 거야", "당신이 부도냈으니 나도 내 갈 길 갈 거야……" 이렇게 사탄의 사주를 받아서 늘 상대방을 탓합니다.

이럴 때 우리가 흔히 유혹되기 쉬운 말은 "해결책이 없다. 이혼만이 유일한 탈출구다"라는 것입니다. 사람들은 이 유혹에 끊임없이 고민하다가 마침내 이것을 수용하고 그대로 따르게 됩니다. "이젠 지겨워", "우린 끝났어" 이런 말을 너무 쉽게 합니다. "끝이야" 하면서 자살을 선택하기도 합니다. 그러나 이것은 모두 함정입니다. 부부 가운데 있는 사탄의 세력을 인식하지 못한 채 배우자나 자신을 비난하는 데 모든 초점을 맞춥니다. 사탄한테 틈을 내어 줄 수는 있지만, 그럼에도 우리는 그 속에 있는 사탄의 존재를 볼 수 있어야 합니다.

그리고 사탄과의 전쟁에서 승리하려면 부부가 연합되어 같은 말씀을 듣고 묵상하는 것이 꼭 필요합니다. 주일설교를 듣고 부부가 함께 나누고 물어보고, 그 말씀으로 같이 기도할 때 능력이 나타납니다. 매일 같은 말씀으로 큐티를 하면 일주일 내내 서로 대화할 거리가 생깁니다. 큐티하며 내 죄만 보게 되면 '생각만 해도 짜증 나는' 배우자가 아니라 '보고 있어도 보고 싶은' 배우자가 됩니다. 그렇게 되면 140년 동안 무너져 있던 성벽이 52일 만에 중수되는 역사가 일어납니다(느 6:15).

도저히 사랑할 수 없는 남편, 아무리 애써도 사랑하기 힘든 아내가 있다 해도 주 안에 갇혀 내가 받은 그리스도의 온전한 사랑으로 내 배우자를 대하면 이런 역사가 일어납니다. 내 지식과 자존심을 다 내려놓고 겸손히 복종하고, 내게 주어진 상황에 잘 갇히면 언젠가는 하나님이 나를 높이시고, 내 배우자를 구원하실 것입니다. 부부 연합의 비밀이 여기에 있습니다.

그러므로 부부의 연합을 위해서도 피차 복종하는 마음이 반드시 필요합니다. 서로 복종하다 보면 부부의 연합은 자연스레 이루어집니다.

"그러므로 사람이 부모를 떠나 그의 아내와 합하여 그 둘이 한 육체가 될지니 이 비밀이 크도다 나는 그리스도와 교회에 대하여 말하노라"(엡 5:31-32)고 합니다. 사실 결혼한 부부는 경제적, 사회적으로 부모를 떠나야 합니다. 그래서 결혼을 하면 반드시 처음에는 둘이서만 살아봐야 합니다. 그렇게 살다가 한 육체가 되는 즐거움을 누리게 되면 자연히 부모를 떠나게 됩니다. 육체의 비밀이 완전할 때 부부는 누가 뭐라든 한 몸이 됩니다. 그런데 부부가 둘만의 사랑이 지극하지 못하거나 이 큰 비밀을 제대로 모르면 부모를 떠나지 못합니다. 육체의 비밀을 모르고 사랑이 지극하지 못하니 둘이서 해결할 수 없는 갈등이 생길 수밖에 없고, 각자의 부모를 다시 의지하게 되는 것입니다.

마찬가지로 주님과의 관계에 즐거움이 있고, 그 어떤 방법으로도 표현할 수 없을 만큼 큰 은혜의 비밀이 있으면 세상 것에서 쉬이 떠날 수 있습니다. 그런데 이 비밀이 없으면 옛것을 끊어내기조차 어렵습니다. 그러므로 우리가 피차 복종하고 부부가 연합하여 한 몸이 되려면 먼저 예수 그리스도를 주님으로 영접해야 합니다. 지금 나의 부부 관계가 원만하지 못하거나 내가 남편에게 복종이 안 되고, 아내에 대한 사랑이 식었다면 먼저 주님과의 관계가 어떠한지 살펴보아야 합니다.

하나님이 시련을 주시는 목적은 오직 한 가지, 나를 낮추고 거룩하게 하시려는 것입니다. 부부관계에서도 마찬가지입니다. 남편을 이기고, 아내를 이기기 위해 부부싸움을 하는 것도 오로지 나의 거룩을 위해 나를 연단하는 것이 목적입니다. 따라서 그 전쟁은 나의 전쟁이 아니라 하나님의 전쟁입니다. 그러므로 부부싸움이 나더라도 세상 방법이 아니라 하나님의 방법으로 대응하며 기도해야 합니다.

이스라엘 백성이 출애굽하여 요단강을 건넌 후 여리고에 도착했을 때 하나님은 "총, 칼 들고 싸워서 정복하라" 하지 않으시고 성 주위만 돌라고 하셨습니다. 게다가 외치지도 말고, 심지어 입에서 아무 소리도 내지 말라고 하셨습니다. 하지만 이게 무슨 작전입니까? 백성들이 이해할 수 있었겠습니까? 적들을 향해 돌격하지 말고 그저 침묵하고 기도만 하며 여리고 성을 빙빙 돌라니요! 마지못해 여리고 성을 돌면서 구시렁댄 사람들이 얼마나 많았겠습니까? 배우자가 말도 안 되는 소리를 하고 있는데, 대꾸도 하지 않고 입을 닫은 채 인내할 수 있습니까?

그런데 하나님은 늘 옳으십니다. 장정만 60만 명이라 했으니 온 백성의 수는 적어도 2백만 명은 되었을 터인데, 그들이 여리고를 돌며 저마다 의견을 내었다면 이 전쟁은 백전백패할 수밖에 없었을 것입니다. 그래서 그리스도인은 구원 때문에 침묵할 때와 외칠 때를 분별할 수 있어야 합니다. 부부싸움도 마찬가지입니다. 그래야 피차 승리할 수 있습니다. "아니 내가 입이 없어? 왜 말을 못 해? 여기가 공산당이야?" 하고 내 목소리를 높이고, '내가 더 잘 났다. 나는 잘못한 게 하나도 없다'고 생각할수록 순종이 안 되고 복종이 안 되기에 피 터지는 전쟁을 날마다 치를 수밖에 없습니다.

믿지 않는 강퍅한 남편이 있다면 "교회 가자"고 주일 아침마다 떠들고 전쟁을 치를 것이 아니라 잠들어 있을 때 조용히 손을 얹고 기도해보세요. 도무지 무너지지 않을 것 같은 성이라 할지라도 그저 순종하며 묵묵히 성 주위를 도는 것이 성도의 삶입니다.

결혼의 목적은 행복이 아니라 거룩입니다

로렌스 올리비에는 영국에서 작위를 받을 정도로 존경받는 배우입니다. 영화 <바람과 함께 사라지다>의 여주인공 스칼렛 역을 맡아 전 세계적인 스타가 되었던 여배우 비비안 리도 아름다울 뿐 아니라 책을 많이 읽는 지적인 여성이었습니다. 두 사람은 서로 가정이 있는 상태였지만 몇 년 동안 각자의 가정을 깨지 못하고 애틋하게 사랑을 키워갔습니다. 그러다가 자식도 버린 채 각자 이혼한 후 두 사람은 결혼을 했습니다. 그런데 비비안 리에게 조울증이 나타났습니다. 감정의 기복이 심해지고, 물건을 집어 던지는 일이 잦아졌습니다. 그럼에도 그녀를 사랑했던 로렌스는 그녀의 곁을 지켰습니다. 그러나 15년 후 그도 결국 또 다른 여자를 만나서 떠났습니다.

이 땅에서 쌓아 올린 것은 이렇게 다 헛것입니다. 서로가 서로에게 보물이었지만 시간이 지나고 나니 귀찮은 존재가 되었습니다. 우리가 사랑이라고 생각하는 모든 것은 결국 돈 때문에, 건강 때문에, 나한테 잘해주기 때문에 생기는 일시적인 감정입니다. 그 오류를 깨닫게 하려고 배신과 절망의 사건이 오는 것입니다. 비비안 리에게 로렌스 올리비에가 보물이었다면 그녀는 그 사람을 하늘에 쌓아 두었어야 했습니다. 어떻게 하는 것이 하늘에 쌓아 두는 것일까요? "하나님이 짝지어주신 것을 사람이 나눌 수 없다"(마 19:6)고 하셨으니 그 명령을 듣는 것이 보물을 하늘에 쌓아 두는 것입니다. 서로가 서로에게 그토록 귀한 보물이라면 보물의 주인이 누구인지를 알고 주인이 원하는 대로 해야 합니다. 서로의 구원을 위해 살아야 합니다. 그런데 이 두 사람은 그것을 모르고 나의 땅 나의 공 산에서 같이 숨쉬기만을 원했기 때문에, 결국 버리고 버림받는 아픔을 겪은 것입니다.

사랑은 그 대상에 가치를 부여하는 것입니다. 그런데 맨날 지지고 볶고 살며 나에게 화를 내고, 욕을 퍼붓고, 나를 무시하는 사람을 어떻게 귀하고 가치 있게 여길 수가 있습니까? 그래서 우리에게 예수 그리스도가 들어와야 합니다. 예수그리스도가 나에게 값없이 베풀어주신 참사랑을 알아야 합니다.

그러므로 서로 사랑받고 사랑하려면 배우자에게 무턱대고 "사랑하라, 복종하라" 하지 말고, 먼저 배우자를 주님 앞으로 인도해야 합니다. 말씀을 듣게 하고, 양육을 받게 해서 자기 죄를 보게 해야 합니다. 자기 죄를 보게 되면 사랑도 복종도 저절로 하게 되어 있습니다. 이것이 세월을 아끼며 사랑받고 사랑할 수 있는 비결입니다.

"이는 곧 물로 씻어 말씀으로 깨끗하게 하사 거룩하게 하시고 자기 앞에 영광스러운 교회로 세우사 티나 주름 잡힌 것이나 이런 것들이 없이 거룩하고 흠이 없게 하려 하심이라"(엡 5:26-27)고 합니다.

우리의 가정, 부부관계에도 티와 주름이 너무나 많습니다. 남편과 아내가 서로의 티를 씻어주고 주름을 펴주는 게 아니라 서로 부대끼며 티를 만들고, 주름을 접어댑니다. 그러나 그런 과정은 오직 나를 거룩하게 하시려는 것입니다. 내가 거룩하지 못하니 힘든 남편, 힘든 아내를 붙여주시는 것입니다. 돈 많은 남편 만나서, 얼굴 예쁜 아내 만나서 내 얼굴에 티나 주름이 없어지는 게 아님니다. 티격태격하더라도 그런 과정을 통해 서로의 티를 뽑아주고, 주름을 펴려고 내 부족한 반을 채워주신 것입니다. 그러나 그 반을 채운다는 것이 여간 힘든 일이 아닙니다. 그래서 결혼을 했다가 이혼을 하고 또 새로운 반쪽을 찾아서 재혼을 해도 여전히 지옥을 삽니다.

"스물다섯 살 때 저를 열정적으로 사랑해주는 남자를 만나 결혼했습니다. 그러나 결혼 후 남편은 돈을 벌면서 괴물이 되어갔고, 저는 남편과의 불화와 제 열등감에 대한 보상을 자녀들로부터 받으려 했습니다. 자녀를 마치 제 인형같이 여기며 명품으로 도배하고, 자녀들의 마음을 힘들게 했습니다. 그러다 남편의 사업이 어려워지면서 위장 이혼을 했는데, 서류상 이혼을 한 후 저는 '내 삶이 너무 힘들다'고 합리화하며 잠시 불륜도 저질렀습니다. 그리고 결국 결혼 13년 만에 완전히 이혼하고 말았습니다."

위장 이혼이 얼마나 무서운 지 찔리는 분이 많이 있을 것입니다. 사업이다 뭐다 벌여놓고는 망하기 직전에 재산 빼돌리려고 위장 이혼을 했다가 이렇게 정말 이혼하는 경우를 많이 보았습니다.

아무리 위장 이혼이 서류상 이혼이라 해도, 그때부터 그 혼인 관계가 법의 보호를 받지 못하는 것이 문제입니다. 그러니 외간 남자, 외간 여자를 만나서 불륜을 행해도 법적으로 책임을 물을 수 없습니다. 그래서 위장 이혼도 절대 하면 안 됩니다.

이분도 마찬가지입니다. 위장 이혼을 한 후 외간 남자를 만나는 불륜을 저지르다가 결국 실제로 이혼하고 말았습니다. 비록 첫 결혼은 실패했지만 3년 동안 딸들과 살며 인생의 제2막을 꿈꾸었습니다. 또다시 반쪽을 찾아 나섰습니다. 그러다 아내와 사별하고 딸 하나를 키우고 있는 남자를 만나 재혼을 했습니다. 제대로 반쪽을 만났으니 이제 불행은 끝인 줄로만 알았습니다.

그런데 이후 엄마의 재혼으로 상실감과 배신감을 느낀 사춘기 큰딸이 반항을 시작했고, 열 살이었던 작은딸은 갑작스레 생긴 의붓동생으로 인해 힘들어하며 "엄마가 싫다"고 소리쳤습니다. 게다가 남편이 데리고 온 여섯 살 된 딸아이는 이상한 행동들을 보였습니다. 그러고는 "언니가 내 물건을 훔쳐가고 때렸다"며 고자질을 해댔습니다. 이분은 그 의붓딸의 말만 믿고, 그렇게 애지중지하던 작은딸을 혼내고 때렸는데, 몇 달이 지나서야 그 아이가 거짓말을 하고 있음을 알게 되었습니다. 집에서는 '으르렁, 으르렁' 동물의 울음소리를 내며 설쳐대던 아이가 사람들 앞에만 가면 얌전하게 불쌍한 표정을 짓는 양극적이고 분열적인 행동을 했습니다. 암 투병을 하다 사망한 엄마를 지켜보며 자란 탓에 '애착장애'를 앓았는데, 이분은 자신 때문에 아이가 그렇게 된 줄로만 알았습니다. 그래서 사람들이 자신을 나쁜 계모로 보는 것 같아 마음이 상했고, 그 아이가 점점 싫어졌습니다.

이분이 꿈꾸던 '행복한 인생의 제2막'은 결국 파국으로 치달았습니다. 어느 날 저녁 큰딸이 남편에게 반항하며 말다툼하던 끝에 급기야 "이 집에서 못 살겠다. 친아빠랑 살겠다"고 남편에게 해서는 안 될 말을 하고 말았습니다. 그 말을 듣고 이분 역시나 엄마로서 몹쓸 말, 몹쓸 짓을 하고 말았습니다. "그래, 어디 한번 친아빠랑 살아봐라" 하고 딸을 내쫓은 것입니다. 결국 '남자에게 미쳐 자식을 내쫓은 엄마'가 되고 만 것입니다. 상황이 이렇게 되자 남편도 의붓딸을 시아주버님 댁으로 보내버렸습니다.

"이후부터 저는 자녀를 잃은 상실감으로 날마다 열불이 끓어오르는 지옥에서 새끼 잃은 어미 곰처럼 포효하였고, 남편이 데리고 왔던 그 어린 의붓딸에게 모든 원망과 저주를 퍼부었습니다. 그리고 수면제와 우울증 약을 입에 달고 살았습니다. 그렇게 죽어가던 고난 가운데 우연히 길을 가다 방송과 책을 통해 얼굴이 낯익은 목사님을 만났습니다. 저는 그 목사님을 붙잡고 하염없이 울부짖었습니다."

이 간증대로 정말 그랬습니다. 우연히 길을 가다가 이분과 마주쳤는데, 무작정 저를 붙들고 펑펑 우셨습니다. 그래서 제가 "어떤 어려움이신지는 모르겠지만 더는 걱정하지 말고 교회로 오시라"고 했습니다. 그래서 이분이 우리들교회에 다니기 시작하셨는데, 오신 날부터 말씀이 들리셨다고 합니다. 말씀을 들으며, 자신을 죽음의 지경까지 끌고 갔던 '이혼과 재혼의 고난'이 자신의 구원을 위한 하나님의 진노요, 사랑이라는 것이 해석되었답니다. 이후

이 집사님은 위장 이혼과 불륜 등 지나온 삶을 살며 저질렀던 죄들을 하나하나 회개했습니다. 전남편에게도 용서를 구했습니다. 그랬더니 아이들을 만나지 못하게 하던 전남편도 점차 엄마의 자리를 인정하며 아이들의 양육을 의논하는 이적이 일어났습니다.

이 집안에 구원의 역사가 일어나기 시작한 것입니다.

영혼 구원을 위해 우리가 가장 먼저 적용해야 하는 곳이 바로 가정입니다. 그리고 그 첫 대상이 배우자입니다. 그런데 내가 누군가의 구원을 도와주는 일은 그리스도의 심장을 갖지 않고는 불가능합니다. 내가 내 배우자를 위해 멍에를 메지 못하는 것은 내 안에 그리스도의 사랑이 없기 때문입니다. 그렇기에 바람을 피우고 부도를 내는 배우자를 용서하지 못해서 이혼을 합니다. 결코 돕는 배필이 될 수 없습니다.

내게 주신 배필은 내 몸의 반을 채우라고 주신 것입니다. 나의 배우자가 바람둥이든 노름꾼이든 알코올중독자든 내 거룩을 위해 나의 반을 버리고, 그 절반을 배우자의 것으로 채워야 합니다. 정신적, 육적, 영적 결합을 통해서 한 몸이 되어야 합니다. 그러나 나의 반을 버리는 데는 아픔이 따릅니다. 바람둥이, 노름꾼, 알코올중독자를 내 몸의 절반으로 채우는 데 어찌 고통이 없겠습니까? 그래서 결혼의 목적도 행복이 아니고 거룩입니다. 성품 좋은 배우자나 믿음 좋은 배우자와 신들결혼을 하여도 한 몸이 되기 위한 고통의 과정은 반드시 있게 마련입니다. 그러니 불신者들결혼을

063

제1장 피차 복종함으로

하면 서로에 대한 거부반응과 충돌이 얼마나 크겠습니까? 그래서 불신결혼 하면 한 몸을 이루기가 참 힘이 드는 것입니다.

아무튼 이분이 얼마 전에는 시아주버니 댁에 맡겨 키우던 의붓딸을 데려오는 십자가의 적용을 하셨답니다. 그러나 그런 적용을 한다고 우리가 금세 거룩해집니까? 자기가 낳은 딸들에게는 밥 한 그릇 못 차려주고, 빨래도 못 해주는 아픔을 안고 있는데 그 마음에 무슨 기쁨이 있다고 의붓딸을 잘 섬겼겠습니까? 속 뒤집는 일이 얼마나 많았겠습니까? 의붓딸을 쳐다보기만 해도 미움이 계속 올라왔습니다. 그러다 결국 만성위염에 대상포진까지 걸렸습니다.

"절대 돌아오지 않을 것 같았던 둘째 딸이 전남편의 허락 아래 저와 같이 살게 되었습니다. 그러다 보니 내 아이는 밉다가도 예쁜데 남편의 아이는 밉다가 또 밉습니다. '믿는 내가 이러면 안 되지. 잠자는 의붓딸의 머리에 손을 얹고 기도라도 하자' 작심하여도 그때뿐입니다. 며칠 후에는 정말 작정을 하고 잠든 의붓딸의 방에 들어가려 했지만, 그날도 결국 방문 앞을 서성이다 그 앞에 쪼그리고 앉아 문고리만 붙들고 '하나님 저는 이 아이가 밉습니다. 저는 사랑이 없습니다. 이 불바다를 건너기가 너무 힘듭니다. 주님, 저와 저 아이를 불쌍히 여겨주세요'라고 부르짖어 기도했습니다."

여러분, 이 심정이 이해가 되십니까? 내 원수를 위해 기도해야겠다고 마음먹는 것이 예사로운 일입니까? "원수를 사랑하라"고

귀에 따갑도록 말씀을 들어서 머리로는 알지만 그게 어디 마음먹은 대로 됩니까? 거룩을 이루기가 이렇게 힘듭니다. 그러니 이 집사님도 이틀이 지나 겨우 의붓딸의 방문 손잡이를 부여잡고 문밖에서 기도했다는 것입니다. 이혼하고, 재혼하면 이런 고난은 기본입니다. 그러므로 절대 이혼을 해서는 안 됩니다. 재혼은 아프리카 선교보다 더 힘들다는 것을 알아야 합니다. 재혼을 하더라도 정말 신信교제, 신信재혼을 해야 합니다.

적용하기

-

배우자와 한 몸으로 연합하기 위해 내가 비워야 할 것은 무엇입니까?

부부 연합을 위해 내가 채워야 할 것은 무엇입니까?

피차 복종을 위한 부부사랑의 지침

✔ 서로의 구원을 위해

피차 복종해야 하는 최종 목적은 오직 구원을 위해서입니다. 피차 생명을 내놓는 희생과 섬김, 사랑이 요구됩니다. 그 마음에 그리스도의 사랑이 있어야 합니다.

✔ 피차 종노릇함으로

배우자에게 피차 복종하는 것은 이기적인 우리를 주께 철저히 복종시키기 위한 훈련이기도 합니다. 내 짐을 나누는 것이 아니라 배우자의 짐을 내가 지고자 할 때 복종의 언어, 사랑의 언어가 나옵니다. 부부간에 연합이 이루어집니다.

✔ 복종의 지혜

아무리 사랑의 언어, 복종의 언어를 써도 완전한 사랑은 하나님의 사랑밖에 없습니다. 그래서 우리는 손 모아 주님 앞에 기도해야 합니다. 아무리 사랑과 복종의 언어를 써도 내가 하나님을 모르면 다 헛된 것입니다.

✔ 주 안에 갇힌 자가 되어

다들 갇히기 싫으니 이혼을 합니다. 그러나 피차 복종을 위해서라면 당연히 갇혀야 합니다. 하나님 때문에 적용하고 이혼하지 않는다면, 하나님이 반드시 영육 간에, 자손 대대로 축복을 주실 것입니다.

✔ 부부 연합의 비밀

부부사랑의 비밀이 유별난 것이 아닙니다. 말씀을 듣고, 내 죄를 보고, 내 배우자의 영혼 구원을 위해 살면 부부의 연합은 자연스레 이루어집니다.

✔ 결혼의 목적은 행복이 아니라 거룩입니다

내게 주신 배필은 내 몸의 반을 채우라고 주신 것입니다. 내 거룩을 위해 나의 반을 버리고, 그 절반을 배우자의 것으로 채워야 합니다. 그러나 나의 반을 버리는 데는 아픔이 따릅니다. 그래서 결혼의 목적도 행복이 아니고 거룩입니다.

피차 복종을 위해 기도하기

하나님 아버지!
오늘 말씀에 피차 복종하기를 주께 하듯 하라고 하십니다.
이로써 주님에 대한 사랑이 증명된다고 하십니다.
하나님이 짝지어주신 것을 사람이 나눌 수 없음을 깨달아
남편과 아내의 역할에 순종함으로
주님에 대한 사랑을 확증하는 삶을 살게 하옵소서.
우리의 결혼생활에 티나 주름 잡힌 것이 너무도 많아
아무리 펴고 펴도 끝이 없음에 절망하게 됩니다.
그러나 우리의 티나 주름은 천국에 가는 그날까지도
완전히 펼 수 없는 것임을 인정하게 하시고,
우리를 거룩하고 흠이 없게 하시기 위해
그리스도께서 우리를 신부 삼으신 것에 감사하게 하옵소서.
피차 복종하라고 하셨으니 예수 그리스도의 사랑으로
부부간에 피차 복종하고 서로 사랑받고 사랑하게 하옵소서.
예수님 이름으로 기도합니다. 아멘.

공동체 고백

다시 올린 언약식

우유부단하고 말 없는 성품인 저는 결혼한 지 6개월도 지나지 않아 안마시술소에 출입하였고, 심지어 딸아이가 태어나 아내가 산후조리원에 있었을 때도 그랬습니다. 죄라는 걸 알면서도 제 욕구가 우선이었고, 들키지 않으면 그만이라고 생각했습니다. 그러나 결국 아내가 알게 되었고, "진실을 얘기하면 용서해주겠다"는 아내의 말에 모든 것을 솔직하게 털어놓았습니다. 하지만 진정한 회개는 없었습니다. 그저 더러운 죄를 지었다는 부끄러움과 뉘우침뿐이었습니다.

그 후 저희 부부는 마치 칼날 위에 서 있는 듯한 위태로운 시간을 보냈습니다. 그렇게 2년을 버티다 저는 두 번의 가출을 시도한 후 먼저 아내에게 이혼을 요구했습니다. 아내가 이를 거절하자 변호사를 선임하여 부동산 가처분신청을 하고 친권과 양육권을 포기하면서까지 이혼을 하려 했습니다. 그리고 저희 부부는 결국 6년 전 이혼을 했습니다.

이혼하면 모든 것이 끝날 줄 알았습니다. 그런데 어느 날 제가 겸임교수로 있는 학교에 아내가 찾아왔습니다. 아내는 제가 강의 중인 강의실까지 들어와 뒷자리에서 가만히 듣고 있다가, 쉬는 시간이 되자 학생들에게 전단지를 나누어주기 시작했습니다. 저는 급작스런 상황에 어찌할 바를 몰라 쫓기듯 강의실을 빠져나왔습니다.

나중에 알고 보니 그 전단지에는 제가 안마시술소에 들락거린 사실을 고발한 내용이 적혀 있었습니다. 그것을 읽고 저를 조롱할 학생들의 모습이 눈에 선했고, 그동안 학교에서 쌓아온 저의 인격과 품격이 한순간에 무너질 것을 생각하니 눈앞이 캄캄했습니다. 그런 한편으로 '사람이 어떻게 이렇게까지 할 수 있을까?' 하고 아내가 원망스러웠습니다. 이 사건으로 더 이상 학교에서 강의도 못 하게 되자 저는 도저히 아내를 용서할 수 없었습니다.

그런데 그로부터 얼마 후 아내가 "교회를 다니다 세례를 받게 되었으니 와서 축하해달라"는 문자를 보냈습니다. 저는 더 시끄러워지고 싶지 않아서 아내가 세례 받던 날 처음으로 교회라는 곳을 가게 되었습니다. 그리고 2주에 한 번씩 아이를 만날 때마다 아내가 다니는 교회에서 예배를 드렸습니다. 그러다가 결국 등록까지 하게 되어, 세례와 양육을 받고 소그룹 모임도 참석하게 되었습니다. 그리고 양육을 받으면서부터 차츰 저의 죄가 보이기 시작했습니다. 나의 자유와 편함을 위해 가정을 포기했던 것과 그럼에도 끝까지 '나는 좋은 사람'이라고 착각하며 살아온 죄들이 깨달아졌습니다.

그 후 아내와의 재결합을 결심했는데, 그런 마음을 먹은 즉시 겸임교수직에 복직되는 은혜도 허락하셨습니다. 그리고 가족들과 공동체 지체들을 모신 가운데 교회에서 아내와 언약식(재결합식)을 올렸습니다. 이후 하나님은 저희 가정에 아이까지 선물로 주셨습니다. 아이의 출산 과정에서 예상치 못했던 사산의 위기도 맞았지만, 아이는 하나님의 보호하심으로 건강하게 태어나서 잘 자라고 있습니다.

저를 궁지로 몰아넣고 수치스럽게 했던 아내이지만, 그런 과정을 통해서라도 하나님을 만나게 해준 아내에게 고마움과 사랑의 마음을 전합니다. 서로 잘 복종하며, 맡기신 자녀들을 말씀으로 잘 양육하고, 영적 대물림을 잘 하는 부부가 되겠습니다.

제2장

사랑받고

아내들이여 자기 남편에게
복종하기를 주께 하듯 하라
이는 남편이 아내의 머리 됨이
그리스도께서 교회의 머리 됨과 같음이니
그가 바로 몸의 구주시니라
그러므로 교회가 그리스도에게 하듯
아내들도 범사에 자기 남편에게 복종할지니라

(에베소서 5:22-24)

오직
남편의
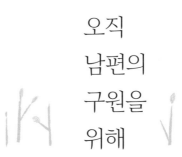
구원을
위해

평생 부모님에게, 남편에게 사랑이라는 것을 받아보지 못한 집사님이 계십니다.

이 집사님의 어머니는 전화도 냉장고도 가스레인지도 없는 외진 산골에서 가난한 농부의 2남 4녀 중 다섯째 딸로 태어나 17세에 얼굴도 모르는 아버지에게 시집을 오셨다고 합니다. 아버지는 술만 드시면 무섭게 돌변해서 어머니를 무자비하게 때렸습니다. 찌든 가난과 아버지의 폭력 속에서도 집사님은 어리고 약했기에 아무것도 할 수 없었습니다. 한밤중에 술에 취한 아버지가 피곤에 지친 어머니를 때려서 어머니가 소리를 질러도 그저 이불을 뒤집어쓰고 울 수밖에 없었습니다. 게다가 아버지는 20대부터 집안을 돌보지 않고 스님이 되겠다며 절을 드나드시더니 정말로 스님이 되셨다고 합니다.

이런 가난한 환경과 폭력적인 아버지로 인해 집사님은 어릴 적부터 심한 무기력증에 시달렸습니다. 삶에 의욕이 없기에 특별한 이유 없이 죽고 싶다는 생각을 자주 했고, 설거지나 청소 같은 간단한 집안일이나 몸을 씻는 일조차 너무 버거웠습니다.

성년이 되어 지금의 남편과 연애를 할 때도 이런 집사님의 모습 때문에 갈등이 많았다고 합니다. 뭔가 실수라도 하면 남편은 무작정 화를 냈고, 이 집사님은 그런 자신을 이해해주지 못하는 남편 때문에 화를 냈습니다. 7년간 연애하며 끝없이 싸웠고, 서로에게 수많은 상처를 남겼습니다. 그럼에도 결혼하면 나아질 것이란 희망으로 부부가 되었으나 두 사람은 결혼 후 더 심각한 상처를 만들어갔습니다.

결혼해서도 남편에게 사랑을 받지 못한 이 집사님은 결국 '사랑에 목말라' 다른 남자를 만나기 시작했습니다. 그런데 며칠 안 돼 외도가 발각되어 남편에게 씻을 수 없는 상처를 안겨주었습니다.

이후 1년 동안 이 집사님 부부는 정신과와 상담소를 다니며 부부간의 문제를 해결하기 위해 부단히 노력했습니다. 그렇지만 서로의 문제를 알고 이해하는 것만으로는 그 상처를 치유할 수 없었습니다. 결국 남편은 이혼을 요구했습니다.

어찌해야 할 바를 모르던 이 집사님은 자신의 어려움을 직장 동료에게 털어놓았고 직장 동료는 우리들교회를 소개해주었습니다. 그리고 교회에 출석한 첫날 예배를 통해 "내 죄를 보라"는 말씀을 듣고는 마음속에 돌같이 굳어 있던 남편에 대한 원망이 눈 녹듯 사라졌다고 합니다. 남편도 함께 교회에 나왔는데 뭔가 느낀 것이 있는지 그날 이후 부부관계가 마법처럼 회복되기 시작했습니다.

"저 자신조차도 사랑하지 못한 저를 하나님은 사랑하셨습니다. 저는 저를 포기하려고 했지만, 하나님은 저를 포기하지 않으셨습니다."

이 집사님은 그제야 자신이 사랑받고 있는 귀한 존재라는 걸 깨달았습니다. 스스로를 그렇게 귀하게 여기니 남편을 대하는 태도도 달라지고, 남편 역시 자신을 대하는 태도가 달라졌다고 합니다. 남편의 사랑을 받기 시작한 것입니다.

하나님께는 우리를 향한 뜻이 있다고 합니다. 그것도 '기쁘신 뜻'이 있다고 합니다. 우리가 거룩하고 흠 없는 삶을 살기를 원하시기에 우리에게 신령한 복을 주시고, 예수 믿게 하신 것입니다(엡 1:3-5). 우리가 행복하게 살라고 예수 믿게 하신 것이 아닙니다. 그래서 결혼의 목적도 행복이 아닌 거룩입니다. 앞에 소개한 이 집사님처럼 내가 거룩해지면 남편의 사랑은 덤으로 주어집니다. 행복한 아내가 되는 비결은 따로 없습니다. 먼저 거룩해야 합니다.

하나님이 아담을 흙으로 만드셨지만, 하와는 뼈로 만드셨습니다. 머리나 발을 재료로 취하지 않고 갈빗대로 만드셨습니다. 가슴으로 아파하는 사랑을 하라고, '옆구리'라는 뜻의 갈비뼈를 뽑아 남자를 돕는 배필을 만드셨습니다. 창조의 순서는 남자가 먼저지만 재료는 여자가 더 훌륭합니다. 남자는 흙으로 지어졌기에 하나님의 생기가 들어가지 않으면 얼마나 연약하고 부서지기 쉬운지 모릅니다. 말 그대로 짐승입니다. 여자들은 뼈로 지어졌기에 한번 마음이 돌아서면 정말 통뼈입니다. 바람도 여자가 피우는 게 더 무섭습니다. 그래서 남자보다 더 강인한 것이 여자이지만 구원을 위해, 사명을 위해 남편에게 복종하고, 또 복종해야 하는 것입니다.

얼마 전 위암 수술을 받으신 한 집사님의 이야기입니다. 암에 걸리고 보니 그동안 교회에 다니지 않는 남편과 언쟁하는 것이 싫어서 남편의 구원을 위한 수고를 자꾸 미루기만 하던 죄가 깨달아졌다고 합니다.

"병원에서 위암이라는 확진 판정을 받고 나니 머리가 텅 비는 것 같았습니다. 제게 주어진 암 사건이 처음엔 도저히 해석되지 않았습니다. 그런데 시간이 좀 지나고 나니 남편의 구원을 외면했던 저의 죄가 깨달아졌고, 그제야 마음이 조금씩 평안해지기 시작했습니다. 그러나 집안 분위기는 말이 아니었습니다. 온 식구가 침울에 빠져 제가 오히려 가족들을 위로할 정도였습니다. 저는 그 기회를 이용해 남편에게 '이번 주 주일에 교회에 같이 가요'라고 했습니다. 남편은 순순히 '그러겠다'고 했습니다. 저는 선뜻 대답하는 남편에게 놀랐고, 너무 기뻤습니다. 그리고 잠시 남편의 기분을 살피고는 남편에게 '당신이 나를 위해 기도해주면 고맙겠어요' 하며 아예 교회 등록을 권했습니다. 그리고 그 주일에 함께 교회에 가서는 '새가족 등록을 하고 목사님과 인사하는 자리에 꼭 참석해달라'고 부탁했습니다. 하지만 남편은 '그것만은 싫다'며 완강히 거부했습니다. '아픈 나를 위해 한 번만 참석해달라'고 애원했더니 남편은 '아프다는 소리 좀 그만 써먹으라'며 버럭 화를 냈습니다. 위암 진단을 받고 불과 6일 만에 들은 남편의 말이었습니다. '사람은 믿음의 대상이 아니라 사랑의 대상이다'라는 말씀을 귀담아두지 않았다면 그때 저는 한꺼번에 무너졌을지도 모릅니다. 하지만 저는 그 말씀을 되새기며 남편에게 계속 권유했고, 마침내 남편은 새가족실로 가서 목사님과 사진까지 찍었습니다."

암 사건은 인생의 목적을 행복에 둔 사람에게는 지옥과도 같은 심판의 사건이겠지만, 믿는 사람에게는 나와 남편, 자녀의 구원을 위해 반드시 있어야 할 변장된 축복의 사건입니다. 이 집사님은 이 것이 인정되었습니다. 집사님은 그날 아이들에게도 자신의 건강 상태에 대해 말해주며 "엄마를 위해 기도해달라"고 했습니다. 자녀들도 큰 요동함 없이 잘 받아들였습니다.

내게 주신 질병이 내 가족을 구원하는 길잡이가 된 것입니다. 내가 가족의 구원을 위해 수고하면 암이라는 질병조차 고난이 아니고 축복이 됩니다. 하나님의 사랑을 넘치도록 받게 될 것입니다.

대학 입시 때부터 인생의 실패가 거듭되면서 깊은 열등감과 분노에 사로잡혔다가 '현실에서 도피하는 심정으로' 결혼을 한 자매가 있습니다.

결혼도 현실인데, 그것을 현실 도피처로 삼았으니 결혼생활이 원만할 리 없었습니다. 모든 걸 남편이 채워주기를 바랐으나 그 욕심이 채워지지 않으니 그녀의 결혼은 불행의 연속이었습니다. 그녀는 모든 것을 남편 탓으로 돌리고 그를 원망하고 미워했습니다. 어린 두 아이가 딸린 가정과 남편은 그녀의 인생에 방해가 될 뿐이었습니다. 그래서 그녀는 열심히 공부에 매달리기 시작했습니다. 실력을 쌓아 안정된 직장을 얻으면 이혼하리라 결심했습니다. 가정보다 세상 성공을 선택한 것입니다.

한 가정의 아내가 이혼을 위해 공부를 하다니요. 참 지독한 집념이 아닐 수 없습니다. 그 마음속에 칼을 품은 것입니다. 그러니 가정이 평온할 리 있겠습니까? 날마다 고성과 폭력이 오갔습니다. 그러다 결국 두 아이 중 엄마 손이 더욱 필요한 어린 둘째를 남편에게 맡겨버리고 별거를 시작했습니다.

이후 그녀는 협의이혼 서류를 접수하면서도 혹시 모를 소송에도 대비했습니다. 얼마나 철저하게 준비를 했는지 모릅니다. 그런데 예상치 못한 일이 벌어졌습니다. 좋은 직장을 얻는 데 실패한 것입니다. 수없이 지원했지만 계속 떨어졌습니다. 이런 상황이 이해되지 않아 그녀는 매일 술에 빠져 살았습니다. 자신의 삶이 마

치 물이 없어 마르고 황폐한 땅같이 되니 절망과 두려움에 사로
잡혀 결국 자살까지 생각할 지경이 되었습니다.

모태신앙인임에도 전혀 교회를 다니지 않던 그녀는 그즈음 지
인의 손에 이끌려 교회를 다니게 되었지만, 여전히 '이혼을 해도
먹고살 수 있는 직장'에만 관심이 있었습니다.

"그런데 어느 날 새벽까지 침실에서 술을 마시고 있는데 갑자
기 하나님이 떠올라 펑펑 울었습니다. 그때 비로소 제가 하나님
과 남편 앞에서 너무 염치없이 살았음이 깨달아졌습니다. 그리고
가정을 광야로 만든 저의 죄가 보였습니다. 악한 나를 회복시켜줄
분은 오직 하나님뿐이라는 것도 그제야 깨닫게 되었습니다. 그리
고 이후부터 설교 때마다 '이혼은 안 된다'는 목사님의 말씀이 제
게 주시는 하나님의 말씀으로 들렸습니다."

감사하게도 그녀는 이혼 판결 직전 하나님의 말씀에 순종함으
로 이혼을 포기했습니다. 그리고 남편에게 눈물로 사과한 후 별
거 중이던 가정을 다시 합치고 지금은 네 식구가 알콩달콩 함께
잘 살고 있습니다.

그녀는 "우상이던 직장을 내려놓고 나니 심령이 회복되었다"고
고백했습니다. 세상 욕심을 채우려고 기를 쓸 때 영적 황폐함만
드러났는데, 심령이 회복되니 물질적인 가치관이 절로 내려지더
랍니다. 그뿐 아니라 남편을 바라보는 시각도 달라졌습니다. 그
렇게 원수같이 느껴지던 남편이 너무나 존경스러워지기 시작했습

니다. 얼마 되지도 않는 월급을 받느라 밤낮으로 열심을 내는 남편을 보니 측은한 생각도 들었습니다. 남편은 그 모습 그대로인데, 내가 변하니 남편이 달라져 보이기 시작한 것입니다.

그렇습니다. 남편에 대한 사랑도 내가 마음먹기에 달렸습니다. 술독에 빠지고, 도박과 주식투자에 빠져 집 한 채를 날린 남편이 문제가 아닙니다. 내 가치관 때문에 내 남편이 원수가 되기도 하고 천사가 되기도 하는 것입니다.

이후부터 그녀는 '누가 이혼 위기에 처해 있다'는 소식을 들으면 즉시로 달려가 "이혼은 안 된다"를 외치고 있습니다. 그리고 남편의 구원을 위해 하루에도 수십 번 남편에게 "감사하다"는 말을 하고 있다고 합니다.

어떤 집사님은 남편이 바람을 피우다가 직장까지 그만두고는 백수로 있으면서 "핸드폰 요금을 안 내서 끊겼다"며 자신한테 핸드폰을 집어 던졌답니다. "그동안 돈이 없어서 못 냈다. 그런데 당신 전화 끊길까 봐 어제 통장에 돈을 넣었다"고 하는데도 핸드폰을 집어 던지는 남편을 보면서 순간 화가 차올랐습니다. 그러나 '말세의 순교는 혈기 안 부리는 것'이라는 제 설교를 기억하고는 가만히 방에서 나갔다고 합니다. 이것이야말로 구원을 위한 순종 아닙니까? 나만 억울한 것 같아도 결국 그 순종은 반드시 구원으로 이어집니다.

이렇듯 남편의 구원을 위해 수고하는 아내는 반드시 남편의 사랑을 누리게 될 것입니다. 그럼에도 남편의 사랑을 받지 못한다면 하나님이 더욱 큰 사랑을 베풀어주실 것입니다.

성경에서는 고아와 과부를 제일 불쌍히 여기라고 합니다. 그러나 주님은 제가 막상 과부가 되니 진짜 신랑 예수님을 기억하라고 저를 위로해주셨습니다. 예수님이 없는 사람은 영적인 과부입니다. 저는 예수님이 계셨기에 남편에게 순종할 수 있었고, 예수님이 계셨기에 남편의 죽음에도 순종할 수 있었습니다. 진짜 신랑 예수님이 함께하시면 감당 못 할 일이 없는 것입니다. 평소에 남편을 무시하던 사람도 막상 남편이 죽으면 지게꾼 남편이라도 있었으면 좋겠다고 하고, 남편을 우상처럼 바라보던 사람은 따라 죽겠다고 하는 것을 보았습니다. 그러나 그렇게 하는 것은 남편이 살아서나 죽어서나 불순종하는 일입니다. 저도 제 이생의 왕 같은 존재였던 남편이 끊어졌습니다. 그러나 예수님이 이 땅의 어느 남편도 되어주지 못하는 견강한 가지가 되어주셨습니다(겔 19:14, 개역한글).

적용하기

남편의 구원을 위해 어떤 수고를 하고 있습니까?

아내로서 남편에게 복종이 잘 안 되는 것은 무엇입니까?

'절대로' 아름다워야 합니다

"저는 제 뜻대로 일이 잘 안 풀리거나 누군가가 규범이나 질서를 잘 지키지 않으면 화가 나곤 합니다. 얼마 전에는 정신과에서 상담을 받은 후 분노 지수가 높다는 것을 알게 되었습니다. 저는 아무도 지켜보는 사람이 없는 새벽에도 교통신호를 꼭 지키고, 누군가와 만나기로 했으면 약속 장소에 반드시 10분 전에 나가서 상대방을 기다립니다. 그리고 처음 사용하는 물건을 사면 사용 설명서를 몇 번이고 보면서 그 설명서에 안내된 대로 사용합니다. 그래서 자기 관리를 제대로 하지 않거나 계획 없이 사는 사람을 보면 '왜 저러고 살지?' 하며 정죄하고 무시했습니다."

이 집사님은 성공한 사람들의 자기계발서를 섭렵하면서 자기 나름대로 지켜야 할 규칙들을 정해놓고 하나하나 실천하며 살았습니다. 마치 바리새인들이 그랬던 것처럼 현모양처의 율법을 스스로 정해놓고 그것을 지키기 위해 열심을 냈습니다. 그러다 보니 매사 두리뭉실한 남편과 사는 것이 너무 힘들어서 결국 이혼을 선택하고 말았습니다.

그러나 이혼은 이 집사님의 인생을 뿌리째 흔들어 놓았습니다. '처음부터 다른 남자를 만나 결혼했더라면 이렇게 불행해지진 않았을 텐데……' 하고 하루에도 수십 번씩 후회하다가 때로는 자신의 결혼과 이혼을 막지 않고 수수방관하신 것 같은 하나님을 원망하기도 했습니다.

"상한 마음을 달래고자 큐티를 시작한 것은 그 무렵부터입니다. 매일 말씀을 묵상하니 스스로 정한 율법에 얽매여 살다가 이혼을 했으면서도 하나님을 불평한 것이 깨달아졌습니다. 비로소 지의 연약함과 죄가 보였습니다."

이 집사님은 큐티를 하며 깨달아진 자신의 죄를 낱낱이 열거해 보았습니다.

"집 안을 철저히 쓸고 닦아도 그것은 정작 남편을 위한 것이 아니었습니다. 남편은 시부모와 잘 지내는 아내를 원했는데 그러지 못했습니다. 남편은 집에서도 곱게 차려입은 아내를 원했는데 저는 늘 열심히 쓸고 닦느라 넝마를 입고 있으면서도 '나처럼 살림 잘하는 여자 잘 만난 줄 알라'며 잘난 척을 해댔습니다. 늘 남편을 다른 남자와 비교하고, 행여 멋진 남자를 보면 그런 사람을 탐하며 마음으로 간음을 일삼았습니다. 남편을 미워하고 마음으로 수십 번 살인했습니다……"

　　남편 몰래 바람을 피우거나 사치를 하고 낭비를 하거나 도덕적
으로 죄를 범한 것이 아닙니다. 자신의 말대로 '누군가가 규범이
나 질서를 잘 지키지 않으면 화를 내던' 분입니다. 그러다 하나님
이 정해주신 남편에게 복종하지 못하고, 아내로서 자신에게 주어
진 역할을 다하지 못한 영적인 죄가 뒤늦게 깨달아졌습니다. 그렇
습니다. 믿는 사람에게는 도덕적인 죄를 짓는 것보다 말씀을 듣지
않고 말씀대로 행하지 않는 것이 더 큰 죄악입니다. 그럼에도 "나
는 간음한 적도, 살인한 적도 없으니 계명을 잘 지키고 있다"고 착
각에 빠져 살아온 것입니다. 말씀을 듣지 않으면 육적인 고난이
올 수밖에 없습니다. 남편과의 관계가 멀어지고 이혼을 하게 된
것도 결국 그 삶의 결론입니다.

이 집사님의 고백처럼 '집 안을 철저히 쓸고 닦아도 그것이 정작 남편을 위한 것이 아니면' 절대 아름답게 빛나지 않습니다. 남편을 위해, 가족을 위해 쓸고 닦아야 아름답게 빛납니다. 남편이 사치를 종용한 것도 아닙니다. 그냥 집에서 곱게 차려입기를 원했습니다. 그런 남편의 소박한 요청을 무시하고 자기 의를 위해 넝마를 입고 있는 것이야말로 교만과 불순종의 극치입니다. 그러니 "나처럼 살림 잘하는 여자 잘 만난 줄 알라"며 잘난 척하는 것이 이 집사님의 18번이었습니다. 남편을 미워하고 마음으로 수십 번 살인했다는데 그 마음에 '절대 아름다움'이 있을 리 있었겠습니까?

우리는 아름다운 모습으로 남편에게 나아가야 합니다. 남편이 속을 썩여서 한바탕 전쟁을 치를 일이 있어도 왕후의 예복을 입고 화사하고 온유하게 나아가야 합니다. 에스더가 회개한 후에 왕후의 예복을 입고 뜰에 서니 왕의 눈에 심히 아름답게 보였습니다(에 5:1-8). 허락 없이 자기 앞에 나오는 사람을 죽일 수도 있는 아하수에로 왕마저 에스더를 심히 사랑스럽게 보게 된 것입니다. 이것은 기적입니다. 와스디는 남편을 바꾸지 못했는데, 하나님 앞에 기도한 에스더는 아하수에로 왕을 바꾸었습니다. 자신도 매력적인 모습으로 바뀌었습니다. 이것이야말로 여자의 절대적인 아름다움입니다.

결국 이 집사님도 말씀을 통해 자기 죄를 보게 되었습니다. 뒤늦게 그것이 깨달아지니 엎드려 회개할 수밖에 없었습니다. 모든 화해의 근간이신 하나님과 화해하게 되니 비로소 '도저히 용서할 수 없었던 남편'에게 이혼한 지 8년 만에 찾아가서 사과하고, 용서를 구하게 되었습니다. 그리고 재결합 후에는 '남편의 장점을 한 가지씩 매일 칭찬하고, 다른 남편과 비교하지 않겠다'는 적용을 잘 실천해 가고 있습니다. 비로소 '절대 아름다운' 아내의 자리를 되찾게 된 것입니다.

자신에게만 유익한 율법을 만들어 놓고 하나님을 원망하며, 마음으로 남편을 살인하고도 스스로 의롭게 여기며 살아온 죄를 깨달으니 하나님께서 지옥 불에서 건져주시고 천국으로 인도해주셨습니다.

1960년대 여성해방문학의 대가인 여류작가 시몬 드 보부아르는 "여성은 태어나는 것이 아니라 만들어진다"고 했습니다. 진정한 여성, 아름다운 여성이 되려면 후천적인 노력이 필요하다는 것입니다. 그러나 여기서 말하는 아름다움이란 외모를 뜻하는 것이 아닙니다. 내면의 아름다움, 즉 심령의 아름다움을 의미하는 것입니다. 외모는 타고날 수 있지만, 내면의 아름다움은 가꾸어야 합니다. 노력으로 얻어지는 것입니다. 외모만 꾸며서는 여성으로서의 매력도 없습니다.

남자들의 배우자 선택 조건은 첫째도 둘째도 셋째도 외모라고 합니다. 겉으로는 안 그런 척해도 속으로는 다 그런 마음을 품고 있다고 합니다. 그래서인지 외도한 남편들의 아내 집사님들을 가만히 살펴보면 대체로 지나치게 외모를 꾸미는 경향이 있습니다. 그러나 그것은 결코 바람직한 노력이 아닙니다. 그렇다고 화장도 안 하고 꾸미지 말라는 이야기는 아닙니다. 너무 지나쳐서는 안 된다는 것입니다. 무엇보다 외면과 내면의 균형 잡힌 노력이 필요하다는 것입니다.

마태복음 1장에 기록된 예수님의 족보를 보면 시아버지와 동침한 다말과 기생 라합, 이방 여인 룻, 불륜을 행한 밧세바 등이 나옵니다. 아브라함의 부인 사라, 이삭의 부인 리브가, 야곱의 부인 레아와 라헬 등 유명한 열국의 어미들이 모조리 빠졌습니다.

반면에 유대인이 가장 멸시하여 개만도 못하게 여기는 이방인, 이방인 중에서도 여자, 여자 중에서도 창기, 불륜을 저지른 여자들이 올라갔습니다. 간음과 연결된 자들이 올라간 것입니다.

다말과 라합, 밧세바는 자기가 죄인인 것을 알았습니다. 시아버지와 동침한 다말은 굳이 누가 손가락질하지 않아도 자신이 하나님 앞에 얼마나 큰 죄인인지를 스스로 깨달았을 것입니다. 그렇기에 하나님이 베풀어주신 은혜에 누구보다도 감격했을 것입니다. 진짜 불쌍한 사람은 자기 문제를 해석하지 못하고 자신을 모르는 사람입니다. 자신을 모르고, 자기 죄를 모르기 때문에 고정관념으로 사람을 판단합니다.

얼굴 예쁜 공주과가 다 그렇습니다. 남편 사랑까지 듬뿍 받으니 자기 죄를 보는 게 쉽지 않습니다. 주위를 한번 둘러보세요. 남편 사랑을 듬뿍 받으면서 뼈저리게 자기 죄를 깨닫는 여자가 있나요? 자기가 제일 잘난 줄 압니다.

전 세계에서 참으로 많은 분이 저에게 이메일을 보내옵니다. 대부분이 "목사님 말씀 듣고 은혜 받았어요. 그래서 저도 이것을 목사님께 고백하고 싶어요" 하며 자기 죄 때문에 안타까워하는 내용입니다. 말씀을 깨닫고 은혜 받는 사람들은 하나같이 자신이 죄인이라고 고백합니다. 그런데 공주과, 왕비과, 요조숙녀과들은 은혜 받았다고 구구절절 사연을 보내지 않습니다.

다말도, 라합도, 밧세바도 비록 지질한 인생을 살았지만, 자신이 죄인임을 인정했습니다. 자신의 부끄러운 과거를 드러내고 주님께 무릎 꿇었기에 믿음의 조상 족보에 그 이름을 올렸습니다. 이처럼 절대적으로 아름다운 여자의 인생이 어디 있겠습니까? 여기서 우리는 '절대적인 아름다움'이 무엇인지 잘 이해해야 합니다. 제아무리 예뻐도 말씀으로 자기 죄를 보지 못하면 절대적인 아름다움을 가질 수 없습니다. 하지만 앞서 소개한 집사님처럼 자기 죄를 보게 되면 절대 아름다운 아내가 될 수 있는 것입니다.

"남편에게 복종하기를 주께 하듯 하라"고 하셨지만, 이것은 결코 문자적으로 복종하라는 것이 아닙니다. 남편이 무조건 하라면 하고, 하지 말라면 안 하는 것이 복종이 아닙니다. 그저 나의 구원, 상대방의 구원을 위해 어떤 선택을 해야 할지 잘 분별하면 됩니다. 때에 따라 여러 태도와 모습을 갖출 수 있어야 합니다. 남편의 믿음의 분량에 따라 맞추어가는 것도 필요합니다. 우리 인생에 옳고 그른 것은 없습니다. 그러므로 균형 잡힌 시각으로 영육 간에 건강을 유지해야 합니다. 이것이 절대적인 아름다움의 비결입니다.

부모님으로부터 무관심과 차별을 당하고 살아서인지 늘 사랑에 목이 말랐던 자매가 있습니다. 그래서 늘 사랑해줄 대상을 찾아 헤매고, 허전한 마음을 위로받고자 사람에게 집착하며 살았습니다. 그리고 무능력한 아버지 때문에 겪어야 했던 가난이 싫어 땅 부잣집 아들과 결혼했습니다.

그런데 이 자매는 어릴 적부터 워낙 가난하게 살다 보니 좀 지저분한 환경에도 익숙했습니다. 머리도 잘 감지 않고, 발바닥이 새까매도 침대에 아무렇지 않게 올라가고, 냉장고에 오래된 음식이 있어도 정리를 하지 않았습니다. 부부에겐 깔끔한 환경보다 사랑이 더 중요하다고 생각했습니다. 신혼 초까지만 해도 남편은 이 자매를 대신해서 청소도 해주고, 집안일을 열심히 도우며 몹시 가정적인 모습을 보였습니다. 그러나 시간이 흐르면서 마음이 변해 갔습니다. 집이 깨끗하지 않으면 금세 돌변하여 무서운 표정을 짓거나 경멸스러운 말투로 이 자매를 무시하기 시작했습니다.

이 자매는 그런 남편 때문에 숨이 막혔습니다. "더럽다, 게으르다" 하며 여자의 자존심을 짓밟는 남편이 싫어 답답한 집을 벗어나고자 직장을 다니기 시작했고, 가정은 서서히 무너져 갔습니다. 그무렵 이 자매의 어려움을 전해 들은 친정 언니의 전도로 교회에 다니게 되었습니다. 어릴 적부터 워낙 의지하던 언니였기에 언니만 따라다니며 예배를 드리다가 말씀이 들리기 시작했습니다. 그리고 "청소도 열심히 하고, 남편에게 아침밥을 꼭 챙겨주라"는 공동체 지체들의 권면에 순종했더니 교회를 다니고 나서부터 갑자기 변한 이 집사님을 따라 남편도 함께 교회에 다니게 되었습니다.

그동안 가정의 질서에 순종하지 못하고, 아내의 역할을 등한시하며, 자기 욕심만 채우던 분이 자기 죄를 보고 회개함으로 순종하고, 남편을 구원의 길로 인도한 것입니다. 이것이야말로 절대 아름다운 아내의 모습입니다.

이후 하나님이 축복하셔서 자매의 가정은 주님이 기뻐하시는 거룩한 가정으로 회복되고 있습니다. 그뿐 아니라 또 한 번 달콤한 신혼의 때를 덤으로 주셨답니다. 요즘 이 자매는 남편이 퇴근하고 돌아오면 늘 웃는 얼굴로 맞이한다고 합니다. 참 소박한 실천이지만 이것이야말로 '절대 아름다운' 아내의 기본적인 모습입니다.

적용하기

-

나는 지나치게 외모에 집착하고 있지는 않습니까?

'절대 아름다운' 아내가 되기 위해 고쳐야 할 습관이나 행동은 무엇입니까?

지혜로워야
합니다

어느 똑똑한 새댁이 결혼 일 년 만에 이혼하겠다고 저에게 상담하러 왔습니다. 이혼할 땐 하더라도 남편과 시어머니 앞에서 한번만 용서를 빌어 보라고 했더니 질색을 합니다. 왜 자기가 빌어야 하냐며, 저를 오히려 이상한 사람 취급합니다. 우리는 사과 한번 하기가 그렇게 어렵습니다. 지혜롭게 "잘못했다, 미안하다" 이 한마디를 못 해서 다들 이혼하고 가정이 깨집니다. 늘 "내가 옳다"며 자신을 시인하기 때문에 주님이 나를 부인하시고, 배우자와 자녀가 나를 부인합니다. 내가 주님을 시인해야 주님도 나를 시인한다고 하셨습니다(마 10:32).

아내에게 심한 독설과 폭력까지도 서슴지 않던 한 집사님이 세상 물질과 욕심, 방탕의 자유함을 좇아 새로운 인생을 살겠다며 집을 나왔습니다. 그러고는 이혼 서류도 정리하지 않은 채 다른 여자와 살림을 차렸습니다. 그런데 어느 날 자신이 버린 아내로부터 "당신 덕분에 하나님을 만나게 되었다. 당신이 나 때문에 그

동안 참 수고 많았다. 감사하다"라는 문자메시지를 받았답니다.

그 집사님은 아내가 보낸 문자메시지를 보고 '혹시 이거 나한테 잘못 보낸 것이 아닌가' 하는 생각마저 들었답니다. 그리고 집을 나가 함께 살고 있는 동거녀가 하도 이혼을 재촉해서 이혼 서류에 도장을 받으려고 아내를 만났는데, "내 죄를 보게 됐다. 다 내가 잘못했다. 그동안 잘해주지 못해서 미안하다"는 둥 아내는 여전히 헛소리만 하더랍니다.

그렇지만 그렇게 변한 아내의 모습과 말투에 설득당해서 '그래! 이번이 마지막이다'라는 마음으로 6개월 만에 집으로 돌아왔답니다. 그런데 전에는 집에서 게임을 못 하게 하던 집사람이 게임도 하라고 하고, 완전히 달라진 모습을 보이더랍니다. 그럼에도 이분은 여전히 외도녀를 만나며 자기 하고 싶은 대로 하면서 지냈습니다. 그 여자를 만나는 시간이 아니면 하루 18~20시간 집에 틀어박혀 죽자 살자 게임만 했습니다. 속으론 아내에게 '네가 이래도 나하고 같이 살자는 말이 나오나 보자' 하는 마음으로 제멋대로 살았습니다.

그러나 단 한 가지 "주일에 교회만 가달라"는 아내의 부탁을 '뭐 그까짓 정도야' 하는 마음으로 들어주었습니다. 아내를 따라 교회란 곳을 난생처음 온 이분은 그날 무슨 말을 들었는지 생각나는 것이 없지만, "꾸벅꾸벅 졸다가 김양재 목사님의 '까마귀, 비둘기' 말씀에 화들짝 놀라서 깬 것만 기억난다"고 합니다. 아무튼 아내가 자기를 교회 데리고 가는 날에는 너무도 잘해주고, 칭찬하고, 고맙다는 인사를 수십 번도 더 하니 수요예배와 소그룹 모임까지 아주 자연스럽게 따라다녔습니다. 그런데 그런 자리가 조금도 불편하지 않더랍니다. 게임 중독에 바람피우고 가출한 자신을 꾸짖거나 나무라는 사람이 아무도 없었던 것입니다. 오히려 교회에 가면 목사님이 설교 중에 늘 여자 집사님들을 향해 "남편이 머리니 섬기라" 하고, 소그룹 모임에 가면 "오늘도 와줘서 고맙다" 칭찬하니 기분 나쁘지 않아서 꾸준히 나갔습니다. 그러는 사이에 이분이 조금씩 변해 갔습니다. '잠시 반항'은 했지만 결국 교회의 양육훈련을 받게 됐습니다. 처음에는 컴퓨터에 게임을 켜 놓은 채 양육훈련 숙제를 했습니다. 그런데 어찌 된 일인지 7년 동안 미친 듯이 해오던 게임이 저절로 싫어졌답니다. 하나님도 제대로 모르는 그분의 입에서 "하나님이 아니라면 도저히 있을 수 없는 일"이라는 고백이 터져 나왔습니다.

어떻게 사람이 이렇게 변할 수 있을까요? 아내에게 독을 품고 살고, 자녀가 있는데도 집을 나가 딴 여자와 살림까지 차렸잖아요. 그럼에도 남편을 구원시키고, 가정으로 되돌아오게 하였으니 이 아내 집사님이 얼마나 지혜롭습니까? 아내의 지혜는 집 나간 남편도 돌아오게 하는 것입니다. 구원을 위한 복종, 아름다운 아내의 지혜란 바로 이런 것입니다. 이 복종의 결과가 얼마나 위대합니까? 그 남편에게 복음이 들어가니 급기야 부인에게 "미안하다"는 고백까지 했답니다.

그런데 이것으로 이 집사님의 간증이 끝난 것이 아닙니다.

"제가 간증을 하게 된 계기는 양육교사님의 권유도 있었지만, 우리들교회 모든 형제자매와 전 세계 곳곳에서 우리들교회 홈페이지를 방문하시는 모든 분에게 약속하고 싶어서입니다. 이 글을 보시는 분들 앞에서 하나님이 저에게 주신 십자가를 담대히 지고 가겠다는 것을, 우리의 죄를 위해서 십자가에 못 박혀 죽으심으로 보여주신 예수님의 사랑으로 맹세합니다. 아직은 믿음이 초등부 수준이지만 앞으로 저의 숨은 죄를 찾으며, 힘든 사람을 돕고 섬기는 인생이 되기를 간절히 소망합니다."

그렇습니다. 한 아내의 지혜로운 복종이 남편을 변화시켰고, 그 한 사람의 변화로 말미암아 가정이 변하고, 교회가 변하고 이 세상이 변하게 될 것입니다. 사람은 변하지 않는다고 하지만, 복음이 들어가면 이 세상에 변하지 않을 사람은 없습니다. 복음이 지혜입니다.

"불신가정에서 자란 저는 늘 '내 생각이 옳다'고 여기며 살았습니다. 결혼할 때도 양쪽 집안이 반대했지만 제가 원하는 사랑을 찾은 것 같아 고집을 부렸습니다. 그러나 첫딸이 돌을 맞이할 무렵 남편의 외도를 알게 되었습니다. 지혜가 없던 저는 남편의 따귀를 때리며 따졌고, 남편은 옳다구나 하며 집을 나가버렸습니다. 누구에게도 위로받지 못한 저는 떠밀리듯이 내려간 시댁 근처 시골에서 어린 딸과 단둘이서 살아가는 것이 너무나 두렵고 무서웠습니다. 하나님을 알지 못했기에 제 인생이 해석되지 않았고, '내 인생은 실패'라는 자괴감에 빠져 사람들과 만나는 것을 기피하며 망상증 환자처럼 나만의 생각에 갇혀 살았습니다. 그러다가 가출한 남편이 돌아와 잠시 기쁨을 누리기도 했지만, 남편은 또 여자가 생기자 다시 집을 나갔습니다."

이만하면 누구나 이혼하는 것이 정당하다고 생각합니다. 이 집사님 역시 그랬습니다. 그러나 이 집사님은 남편이 가출했다가 데리고 들어온 혼외 딸까지 맡아 키우게 되었고, 두 딸과 함께 살며 더욱 하나님을 의지하게 되었습니다.

그리고 세월이 흘러 큰딸은 얼마 전 교회에서 결혼예배를 드렸고, 작은딸은 청년부에서 소그룹의 리더가 되어 지체들을 잘 섬기고 있습니다. 남편에게 버림받고 파멸과 멸망의 길로 갈 뻔했지만, 오직 하나님께 의지한 지혜로움이 이 집사님을 속량해준 것입니다.

남편과 의과대학 선후배로 만나 결혼하여 세 자녀를 낳고, 부부가 둘 다 의사로 일하며 부족함이 없었기에 스스로 '복 있는 사람'이라고 여기던 집사님이 계십니다. 교회에서도 열심히 봉사하면서 하나님이 정말 평안한 삶을 주신다고 여겼습니다.

그런데 어느 날 남편의 외도가 드러났습니다. 남편에 대한 배신감과 무너지는 자존심으로 어두움과 고통의 시간이 시작되었습니다. "네가 어찌 내게 이렇게 할 수 있느냐" 하며 남편에게 따지고, "어떻게 제게 이런 일이 있을 수 있나요" 하며 하나님을 원망했습니다.

하지만 그때 문득 남편과의 혼전 임신과 낙태의 죄가 생각났답니다. 그래서 이번에는 하나님께 너무나 죄송해서 울고 또 울었답니다. 남편의 외도 사건이 이제껏 하나님과 집사님의 사이를 가려놓았던 죄의 휘장을 단번에 찢게 한 것입니다. 단 한 번도 자신이 죄인이라는 생각을 하지 않았던 집사님의 입술에서 그제야 진정한 회개가 터져 나왔습니다.

제아무리 많이 배우고 세상 똑똑해도 하나님이 주시는 지혜가 없었더라면 이 집사님은 즉시 이혼을 하고 말았을 것입니다. 그리고 평생 바람피운 남편을 원망하며 지옥을 살았을 것입니다.

제가 목회를 하는 가장 큰 이유 중 하나가 '가정 중수重修'입니다. 부부가 한 몸이 되고, 집안이 화목해야 집안 살림도 나아집니다. 딴살림 차려서 언제 돈을 모으겠습니까? 조금 벌어도 둘이 한마음이 되어야 합니다. 그런데 왜 여전히 부부끼리 싸우고 지지고 볶고 사십니까? 무조건 하나님 전에 데려오면 하나님께서 다 해결해주실 텐데요. 믿음의 아내에겐 그런 지혜가 필요합니다. 내 배우자의 구원을 위해 수고하고 헌신하는 것만큼 지혜로운 사랑은 없습니다.

구원이 전제되지 않으면 영원한 사랑을 줄 수도, 받을 수도 없습니다. 육적인 사랑은 일시적입니다. 왜냐하면 사람은 사랑을 할 수도, 만들 수도, 지을 수도 없기 때문입니다. 육신의 정욕, 안목의 정욕에서 비롯된 사랑은 구원을 위한 사랑이 아닙니다. 그런 사랑은 배반을 당했을 때 충격이 이루 말할 수 없습니다. 그래서 쉽게 헤어나지 못합니다.

십자가 지는 사랑만이 그 어떤 배신과 고난도 넘어설 수 있습니다. 그래서 십자가 사랑만큼 지혜로운 사랑은 없습니다.

적용하기

-

내 남편은 나의 십자가입니까? 그냥 무거운 짐입니까?

지혜로운 아내가 되기 위해 실천해야 할 것은 무엇입니까?

홀로서기를
잘 해야
합니다

여자는 혼자 못 있는 것이 문제입니다. 자기 인생을 못 삽니다. 시간이 있고 할 일이 없으면 책도 읽고 자기 삶을 만들어가야 하는데 만날 어디를 가야 하고, 새로운 것을 하고 싶고, 혼자서는 즐기지 못합니다.

혼자서 여기도 못 가고 저기도 못 가고 하는 것은 종속적이기 때문입니다. 그러니 뭐가 좀 안 풀리면 남편 탓, 애들 탓을 하고, 늘 남편에게 아이들에게 종주먹을 들이댑니다. 그러다가 남편이 바쁘고, 애들이 커서 각자의 삶에 여념이 없으면 집에 혼자 남아 자신이 버림받았다고 생각합니다. 인생을 헛산 것 같다고 불안해하고, 결혼을 후회합니다.

그러나 남편에게 순종하라는 것은 종속되라는 말이 아닙니다. 종속적이니 자기 삶을 제대로 못 살고 자기 인생을 만들어 가지 못합니다. 종속은 복종이 아닙니다. 정말 매력 있는 여성은 혼자서도 잘 살 수 있는 여성입니다.

애굽같이 화려한 생활을 꿈꾸며 믿지 않는 남편을 선택해 결혼했던 한 집사님이 돈과 명예를 누리는 대신 애굽의 종살이를 혹독히 치른 자신의 간증을 공동체에 고백했습니다.

개업의였던 남편은 병원에서 스트레스를 받고는 집에만 들어오면 술을 마시고 자신에게 폭언을 일삼았답니다. 그런데 그렇게 술을 마신 탓인지 의사 남편이 결국 암에 걸리고, 가출까지 해버렸습니다. 알고 보니 이 집사님 몰래 딴살림을 차려놓고는 혼외자까지 낳아서 아예 그 집에 눌러앉은 것입니다. 그것으로 이 집사님의 고난은 끝이 아니었습니다. 자녀 일 때문에 동사무소에서 민원서류를 떼다가 불과 한 달 전에 남편이 사망한 사실을 뒤늦게야 알게 된 것입니다.

화려하고 행복한 결혼을 꿈꾸던 집사님이었기에 남편과 평생 함께하리라 믿었고, 비록 10년 넘도록 외도를 하여도 내 자리를 잘 지키고 있으면 언젠가는 남편이 돌아오리라 믿었습니다. 그런데 결국 돌아온 것은 참으로 어처구니없는 소식뿐이었습니다. 이 집사님은 그날 어떻게 집으로 돌아왔는지 기억조차 안 날 정도로 큰 충격을 받았습니다. 앞으로 혼자 살아가야 할 날들을 생각하니 눈앞이 캄캄했습니다. 게다가 남편이 죽으면서 모든 재산을 첩과 혼외 아들에게 남겼다는 사실을 알고는 절망하며 처절하게 울 수밖에 없었습니다. 이 집사님은 남편의 죽음보다 첩에게 넘어간 재산 때문에 더욱 격분했습니다.

그날 밤 이 집사님은 지옥의 벼랑 끝에 매달린 심정으로 주께 부르짖었습니다. "이 지옥에서 나를 건지시고 살려달라"고 매달렸습니다. 그러고는 아이들에게 아빠의 죽음을 담담히 알리고, 뒤늦게 아이들과 함께 남편이 묻힌 곳을 찾았답니다. 아이들이 아버지를 추모하며 '그동안 아빠에게 연락하지 않고, 아빠를 미워한 것'을 회개하며 펑펑 우는 모습을 보고서야 이 집사님은 제일 회개해야 할 사람이 바로 자신임을 깊이 깨달았습니다. 아이들이 아빠에게 연락하지 못하도록 막은 사람이 바로 자신이었기 때문입니다. 남편을 용서하지 못한 죄가 그제야 깨달아졌습니다. 남편에게 단 한 번도 '내가 잘못했어요, 미안해요, 고마워요'라는 말을 하지 못한 것이 못내 후회되었습니다. 남편의 돈과 명예는 취하면서 힘들고 지친 남편의 영혼에는 무관심했기에 남편에게 "교회 같이 가자"란 말을 한 번도 못 한 죄도 깨달아졌습니다.

이렇게 남편이 죽는 고난이 와도 그 고난을 통해 자기 죄를 깨달을 수 있다면 이것이 축복입니다. 이 집사님은 집으로 돌아오는 길에 아이들에게 "이제 엄마는 예수님을 신랑으로, 너희는 하나님을 아빠로 여기고 더 열심히 살자"고 했습니다. 주님의 마음과 사랑을 깨닫고, 우리 가정을 지켜주실 분은 오직 주님뿐임을 고백하게 되었습니다. 비로소 홀로서기가 된 것입니다.

또 다른 집사님의 간증입니다. 워낙 노는 것을 좋아하던 한 남편이 결국 도박에 빠져 돈을 잃고, 그 잃은 돈을 만회하려고 대출까지 받으며 도박을 계속했습니다. 뒷일은 생각하지 않고 아내 몰래 받기 시작한 대출은 그 액수가 점점 불어나서 원금은커녕 이자만 갚기에도 벅찼습니다. 남편은 신용카드로 돌려 막기도 하고, 사금융 대부회사를 통해 높은 이자로 돈을 빌리기도 했습니다. 그러나 이것으로 끝난 게 아닙니다. 눈을 멀쩡히 뜨고도 심판의 때를 몰라 부끄러운 구원조차 받지 못한 소돔과 고모라 사람들처럼 급기야 아내 몰래 아파트 전세 계약서를 담보로 4천5백만 원을 빌리기까지 했습니다. 소돔 땅이 불 심판으로 지층이 낮아지고 물이 빠져나갈 곳이 없어 죽음의 바다가 되어버린 것처럼 제힘으로 해보려다 결국 모든 것을 소진하고 만 것입니다. 더 이상 돈을 빌릴 데도 없고, 갚을 수도 없는 상태에 이르자 그 남편은 이혼과 자살 등 극한 상황까지 생각했습니다.

그러던 어느 날 술에 취해 인사불성이 되어 집에 들어와서 아내에게 폭언을 퍼붓다 아내와 '육박전'을 치른 남편은 그날 결국 도박으로 어마어마한 빚을 진 사실을 털어놓았습니다. 그 소식을 들은 아내의 마음이 어떠했겠습니까? 하늘이 무너지지 않았겠습니까? 강심장이 아니고서야 어찌 그 충격에서 쉬이 벗어날 수 있겠습니까? 아내는 삶의 희망을 완전히 잃어버리고 극심한 우울증에 빠지고 말았습니다. 이혼하려고 해도 빚투성이 남편인지라 경제적인 홀로서기마저 쉽지 않았습니다.

그야말로 졸지에 피할 길이 없는 인생이 되고 만 아내는 친구의 인도로 교회에 다니기 시작했습니다. "그때는 정말 피할 곳이 교회밖에 없었다. 의지할 데가 하나님밖에 없었다"고 합니다. 이후 이 아내는 오직 하나님께만 집중했습니다. 주일예배, 수요예배, 소그룹 예배 등등 예배란 예배는 빠지지 않고 다녔습니다. 그리고 어느 날 제 설교를 듣다가 "사람은 믿음의 대상이 아니다"라는 말을 듣고는 그동안 무턱대고 남편만 믿고 바라며 살아온 자신의 죄가 깨달아졌습니다. 그뿐만 아니라 힘든 남편을 이해하지 못하고, 남편에 대한 복수심으로 이혼만 생각하며 아이들도 제대로 돌보지 못한 자기 죄도 깨달아졌습니다.

이 아내는 그 즉시로 남편에게 달려가 그날 깨달은 자기 잘못을 남편에게 고백했습니다. 게다가 "그럼에도 함께 살아줘서 고맙다"는 말까지 했답니다. "우리가 잘 먹고 잘사는 것만이 축복이 아니다. 이것이야말로 우리 부부를 위한 구원의 사건이다. 우리가 큰 병에 걸린 것도 아니고, 그나마 물질 고난이니 개인 회생 신청을 해서라도 빚 갚으며 열심히 살자. 5년만 고생하면 되지 않겠냐. 나도 열심히 벌겠다"고 오히려 남편을 격려해주었습니다.

그리고 그때부터 남편에게 조건 없이 복종했습니다. 남편이 뭘하든, 뭐라고 하든 "네, 네" 했습니다. 그런 한편으로 생계에 관한 것은 남편만을 전적으로 의지하지 않고, 없으면 없는 대로 허리띠를 졸라맸습니다. 그 마음에 왜 어려움이 없었겠습니까? 시원치 않은 남편 수입으로 빚 갚고, 아이들 공부시키며 힘든 삶을 살아야 했지만, 주님을 의지하니 경제적인 궁핍은 결코 문제가 되지 않았습니다. 남편의 부족함도 눈에 보이지 않았습니다. 비로소 홀로서기가 가능해진 것입니다.

교회에 다니면서부터 이렇게 변화되는 아내의 모습을 보고, 그 남편도 교회에 안 다닐 수가 없었습니다. 그렇게 부부가 열심히 예배에 참석하고 교회의 모든 양육을 다 받았습니다. 열심히 하나님을 믿고 양육도 받는데 로또복권에 당첨이라도 되면 얼마나 좋겠습니까? 하지만 로또는커녕 아파트는 채권자에게 넘어가고, 결국 이 부부는 월세방으로 이사해야 했습니다. 고난은 더욱 깊어졌습니다.

하지만 그 아내의 마음에는 온통 감사뿐이었습니다. 그럼에도 남편의 직장을 지켜주셨고, 작은 월셋집이지만 가족이 흩어지지 않고 함께 살 수 있게 해주심에 감사했습니다. 주어진 현실을 회피하지 않고, 홀로서기를 통해 고난을 인내하며 자신에게 주어진 십자가를 잘 짊어짐으로 온 가족이 천국을 누리게 된 것입니다.

저 역시나 예전에 남편이 여러 가지로 힘들게 하니까 혼자서 성경 깨닫는 것이 너무 좋아서 시간만 있으면 성경을 보고, 나머지 시간은 그저 남편에게 복종했습니다. 성경을 보니까 복종할 일이 생기고, 그러니 또 성경이 더욱 깊이 깨달아졌습니다. 성경만 보고, 복종만 하면 된다고 생각하니까 갑자기 아내로서의 삶이 무척 쉬워졌습니다. 일단 남편 탓을 안 하게 되었습니다. 이게 진짜 발상의 전환 아닙니까?

제가 성경을 보기 전에는 남편이 곁에 있어도 참 외로웠습니다. 남편이 주님을 만나지 못했기에 저와는 육의 대화만 했습니다. 하나님께서 영적인 외로움을 저에게 주셨기에 성경을 묵상하며 홀로서기가 절로 되었습니다. 그야말로 주 안에 갇힌 것입니다. 그러다 보니 또 늘 전도만 하게 되었습니다. 종일 큐티책을 펴놓고 있으니 누구한테 전화가 와도 그날 본문으로 나눔을 했습니다. 그러다 간혹 장을 보러 시장에 가도 전도를 하고, 남편이 운영하는 병원으로 내려갈 일이 있으면 병실마다 들러 전도를 했습니다. 전도란 누가 하라고 해서 하고, 하지 못하게 말린다고 못 하는 게 아니더군요. 오늘날 제가 이렇게 큐티사역을 하는 것은 그렇게 홀로서기를 했기 때문입니다.

사람들은 만날 환경 탓만 합니다. 남편 탓, 아내 탓을 합니다. 남편은 제게 돈을 제대로 주지 않았습니다. 그런데 그것 때문에 불편한 것이 전혀 없었습니다. 안 주면 안 주는 대로 주면 주는 대로 자유함이 백 프로 천 프로 생겼습니다. 생활비 안 준다고 불평하지 않고 십만 원 주면 그 십만 원에 순종했습니다. 남편이 "왜 반찬이 이것밖에 안 되냐!"고 해도 가만히 있고, "당신이 생활비를 조금밖에 안 줘서 그렇다"는 대꾸도 안 했습니다. 말씀이 깨달아지니 모든 것에 자유함이 있었습니다.

누군가와 늘 같이 있어도 너무 외로운 사람이 있고, 혼자 있어도 외롭지 않은 사람이 있습니다. 외롭지 않게 되는 것은 오직 주 안에서만 가능합니다. 저 또한 말씀이 깨달아지지 않을 때는 남편이 곁에 있어도 늘 외로웠습니다. 늘 외출도 못 하게 하고, 구박하고…… 그러니 남편이 곁에 있어도 마음에 불편함이 끝이 없었습니다. 그런데 막상 주님을 만나고 혼자서 성경을 읽으며 시간을 잘 보내게 되니 외롭지 않았습니다. 그러니 남편과 사별을 하여도 외로움이 덜 했습니다. 언제나 말씀 안에 갇혀 있으니 남편이 떠난 후에도 달라진 게 별로 없었습니다.

남편이 자기를 쳐다보지도 않아서 외롭다고 하는 아내들이 많습니다. 그런 아내일수록 남편과 사별하면 더 외로워한다고 합니다. 남편을 너무 의지하기 때문입니다.

　예수 그리스도를 신랑으로 모시고 있는 사람은 남편에게 잘 순종합니다. 남편이 죽어도 그 상황에 잘 순종합니다. 그러나 그리스도를 신랑으로 모시지 않은 사람은 남편에게 잘 순종하지도 못하고 늘 갈등을 일으키다가 그 남편이 죽으면 "지게꾼이라도 남편은 살아 있어야 된다"고 날마다 불순종을 합니다. 그래서 늘 외로운 인생을 삽니다. 혼자 살면서 "외로워, 외로워" 하고 부르짖는 사람은 정말 매력이 없습니다. 홀로서기가 제대로 안 되니 외롭기만 한 것입니다.

　저라고 남편이 떠났는데 슬픔과 연민의 감정이 왜 없었겠습니까. 저는 남편과 늘 함께 지내던 집 안방에서 남편 장례식을 치렀습니다. 이후 한참을 그 집에서 살았는데 왜 남편 생각이 안 났겠습니까? 하지만 홀로 그 방에서 지내도 두려움과 무서움이 없었습니다. 이미 주님이 신랑이 되어주셨고, 이미 홀로서기가 되었기 때문입니다.

　남편에게 갇혀 살 때나, 사별해서 혼자 살 때나 무슨 육적인 즐거움이 있었겠습니까? 그러나 저는 남편과는 아니어도 남들과는 즐거웠습니다. 시장에서도 교회에서도 큐티 모임에서도 만나는 사람마다 기쁨이 되었습니다.

　옛날에는 남편이 곁에 있어도 한없이 외로워서 마치 이 세상 고난을 다 짊어지고 사는 것처럼 울상을 짓고 살았는데, 홀로서기를 하고 나서부터는 표정도 밝아졌습니다. 얼굴이 저절로 아름다워지고, 마음이 저절로 지혜롭게 되었다고 생각합니다. 이것이 바로 가장 사랑받는 비결입니다.

적용하기

–

남편이 곁에 있어도 늘 그립습니까? 늘 외롭습니까?
홀로서기를 위해 내가 잘 준비해야 할 것은 무엇입니까?

남편에게 순종하라는 것은
종속되라는 말이 아닙니다.
종속적이니 자기 삶을 제대로 못 살고
자기 인생을 만들어 가지 못합니다.
종속은 복종이 아닙니다.
정말 매력 있는 여성은
혼자서도 잘 살 수 있는 여성입니다.

사랑스러운 여인이 되어야 합니다

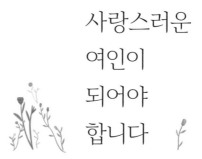

소개로 만난 남자와 서로 조건이 딱 맞아떨어져서 결혼한 집사님이 있습니다. 조건을 잘 살피고 결혼했으니 행복은 '당근'인 줄 알았습니다. 그런데 제가 늘 결혼의 목적은 뭐라고 했죠? 그렇습니다. 결혼의 목적은 행복이 아니고 거룩입니다. 그러므로 믿음을 보지 않고 육적인 조건만 보고 선택한 결혼은 불행이 '당근'입니다. 이 집사님 역시나 결혼의 목적이 행복이었기에 행복만 추구하다가 날마다 남편과 싸웠습니다. 두 자녀를 낳고도 끝나지 않는 전쟁에 몸서리를 치다 결국 남편에게 각방 쓸 것을 통보했습니다. 남편의 의견을 일체 무시하고 말입니다. 부부가 각방을 쓰면 그 집안의 소통은 끝장난 것입니다.

그런데 어느 날 아이가 "엄마, 아빠와 엄마는 왜 따로따로 자는 거야?"라고 물었습니다. 어린 자녀의 눈에도 부모가 이상하게 보인 것입니다. 이 집사님은 아이의 말이 주님이 하시는 말씀으로 들렸답니다. 그래서 10년 동안이나 남편의 손도 한번 잡지 않은 자신의 죄를 회개하고 주님께 회복시켜 달라고 기도했습니다.

그로부터 얼마 후 가족이 놀이공원으로 놀러 가는데, 오랜 운전으로 피곤해하는 남편을 보니 가족을 위해 수고하는 남편이 갑자기 존경스러워 보이더랍니다. 그래서 "여보, 수고가 참 많아요" 하고 두 팔을 벌려 남편을 안아주었습니다. 그랬더니 문득 '우리가 구하거나 생각하는 모든 것에 더 넘치도록 역사하시는 그리스도의 사랑'(엡 3:20)이 느껴지더랍니다. 그렇게 무시되던 남편, 가해자라고만 생각한 남편이었는데, 남편이 수고하는 모습을 보니 존경스럽고, 그 남편에게 감사한 마음이 생기니 그제야 남편과 소통하지 않으려고 벽을 쌓은 자신의 악한 모습이 보이더랍니다. 그리고 이 집사님은 그날 밤 마치 첫날밤처럼 남편의 사랑을 듬뿍 받았다고 합니다.

사랑스러운 아내가 되려면 무엇보다 자신의 남편을 존경해야 합니다. 그런데 같이 살다 보면 그게 참 힘듭니다. 남편을 바라보면 숨이 턱턱 막히고, 마음에 안 드는 것이 한둘이 아닌데, 그 마음에서 존경심이 우러나올 리 없습니다. 그렇다고 무조건 "네, 네" 복종한다고 해서 나를 사랑해줄 남편도 아닙니다.

"중매로 만난 남편과 100일 만에 결혼하게 되면서 남편은 제가 어떤 사람이어도 다 맞춰주겠다고 했고, 그 약속을 지키며 저를 편하게 해주었습니다. 남편은 배려심 깊은 착한 사람이었고,

저는 제 할 일을 알아서 잘하는 똑소리 나는 아내였습니다. 결혼 생활 18년 동안 큰 다툼 없이 잘 지냈기에 우리 부부는 참 잘 맞는다고 생각했습니다."

그런데 그 남편이 시아버지 유산을 몰래 찾아 후배 회사에 투자했다가 홀랑 까먹은 사실을 아내에게 무려 6년이나 숨겼습니다. 이 집사님은 20억의 큰돈이 날아갔다는 것보다 믿었던 남편에게 6년이나 속았다는 게 더 분하고 기가 막혀 숨이 쉬어지지 않았습니다. 너무 큰 배신감으로 '더 이상 당신과 살 수 없다'를 수없이 외쳤습니다. 그리고 '여전히 내가 옳고, 남편은 늘 틀렸다'는 생각에 사로잡혀 남편을 무시하고 정죄했습니다.

그럴 때마다 남편이 어렵사리 꺼낸 말은 오직 한마디였습니다. "나를 좀 따뜻하게 대해 달라." 그러나 이 집사님은 "도대체 어떻게 따뜻하게 대해 달라는 거냐?"며 더 무섭고 차갑게 남편을 대했습니다. 자기 죄가 안 보이니 어려움에 처한 남편을 품지도 못하고, 늘 독만 품고 있으니 남편으로부터 무슨 사랑을 받을 수가 있겠습니까?

그런데 어느 날 이 남편이 몰래 어디서 또 대출을 받았는지, 이자를 내라는 독촉 우편물이 집으로 온 것을 이 집사님이 우연히 보게 되었습니다. 그야말로 뚜껑이 열린 집사님은 있는 성질 없는 성질 다 부려가며 집안을 발칵 뒤집었습니다. 그런데 끽소리도 못하는 남편을 보고 있으려니 갑자기 여전히 남편만 탓하고 있는 자기 모습이 보였습니다. 아내 눈치를 살피며 계속 숨기고 피할 수밖에 없었을 남편의 심정이 이해되더랍니다. 그제야 자신이 남편이 원하던 아내의 모습에서 얼마나 멀어져 있는지 깨닫게 되었습니다. 남편에게 복종하기는커녕 가정의 질서를 무너뜨린 죄인이라는 것이 깨달아진 것입니다.

여성의 권리가 높아지니 가정 안에서 아내의 목소리가 높아지는 것은 당연한 일입니다. 그러나 남편보다 더 목소리를 높이는 것은 결코 성경적이지 못합니다.

여자는 뼈이고, 남자는 흙입니다. 남녀의 근본이 이렇게 차이가 있습니다. 그러나 하나님이 여자를 더 강한 뼈로 만드신 이유는 남자를 기죽이기 위해서가 아니라 남자의 열등감을 풀어주기 위해서입니다. 아내의 사명이 여기에 있습니다. 부부의 삶에도 이것이 적용되어야 합니다. 그러므로 아내는 남편을 칭찬해야 합니다. 그저 입에 발린 립서비스로 칭찬하는 것이 아니라 반드시 근거가 있는 것들을 하나씩 발견해서 칭찬해주어야 합니다. 이게 바로 지혜입니다. 날마다 말씀을 보면 하나님이 그 지혜를 주실 것입니다. 그러면 내 남편은 저절로 존경받을 만한 남자가 됩니다.

남자여서 존경하라는 게 아니고, 존경받을 만한 조건을 갖추어서 존경하라는 것이 아닙니다. 존경할 남자로 만들어서 존경하라는 것입니다. 내 남편이 존경받지 못하면 그것은 아내의 책임입니다. 아내조차 존경하지 않는 남편을 누가 존경하겠습니까. 그러므로 내 남편이 비록 지질해서 열등감에 사로잡혀 있어도 내가 잘 섬기고 복종함으로 자존감을 높여주고, 또 존경함으로 복종하며 사는 지혜가 필요합니다. 결국 섬김이나 복종이나 존경도 사랑의 일부분입니다. 사랑의 마음이 있어야 이 모든 것이 가능합니다.

부모님이 두 분 다 암으로 일찍 돌아가시고, 가난하고 불행한 어린 시절을 보냈던 한 집사님의 이야기입니다. 처녀 시절 지금의 남편과 교제를 하다가 관계를 끊고 싶었지만 "네가 아니면 죽겠다"는 남편을 보고 '이렇게까지 나를 사랑하는구나' 하는 생각에 결혼을 결심했답니다. 그런데 막상 결혼하고 보니 시어머니는 새엄마이고, 남편의 형제들은 배다른 동생들이더랍니다. 그것만으로도 놀랐는데, 호적에 자신이 두 번째 아내로 올려져 있더랍니다. 정말 해, 달, 별이 와르르 떨어지는 일입니다.

더 가관인 것은 "당신 아니면 죽는다"던 남편이 도박에 빠져 집안까지 말아먹기 시작한 것입니다. 사는 게 지옥 같아서 늘 이혼을 생각하고 있는데 시댁에서는 무시와 왕따로 이 집사님을 더 힘들게 했습니다. 그런데 남편의 바로 밑 시동생은 돈도 잘 벌고 부부관계도 무척이나 좋아 보였습니다. 이런 상황에서 누군들 열등감에 사로잡히지 않겠습니까? 열등감 때문에 지옥을 살았을 인생인데, 집사님은 말씀묵상을 하던 중 육적인 사랑에 매달려 살아온 자신의 죄가 보였답니다.

지금도 여전히 남편은 도박에 빠져 있고, 경제적으로 쪼들려 지질한 삶을 살고 있지만, 말씀대로 믿고 살고 누리니 마음만큼은 그 누구보다도 평안한 삶을 살고 있다고 이 집사님은 고백합니다. 얼마 전에는 남편이 수개월 동안 가출을 했다가 돌아왔답니다. 그러나 이 집사님은 이제 그 남편에게 아무것도 기대할 것이 없기에 "남편이 그저 제 곁에 살아 있음에 감사한다"고 합니다. 그럼에도 "무의식중에 돈에 대한 스트레스를 받고, 여전히 남편을 정죄하는 자기 모습 때문에 힘들다"고 고백합니다.

그렇습니다. '이 웬수 같은' 남편에게 어찌 이런 사랑의 마음을 가질 수 있겠습니까? 남편을 바라보기만 한다고 그 마음이 저절로 우러나오는 것도 아닙니다. 아니, 바라보면 바라볼수록 그 마음이 식을 수도 있습니다. 그러므로 나부터 먼저 바라보아야 합니다. 나부터 변해야 합니다. 남편이 변하고 안 변하고는 하나님께 맡기고, 내가 오직 하나님 한 분만으로 기뻐할 때 남편이 변하게 됩니다. 그리고 내 노력으로 남편의 잘못된 습관을 고치고, 남편을 변하게 만들겠다는 생각을 내려놓아야 합니다. 그래 봐야 내 성질만 더 더러워지고 부부관계만 더 나빠집니다. 내 힘으로 남편을 변화시키겠다는 생각을 내려놓으면 내 힘이 빠지고, 독기가 빠져서 저절로 사랑스러운 여인이 되는 것입니다.

"결혼 전에 저는 배우자의 집안 배경과 경제력을 따지는 친구들을 속으로 정죄했고, '나는 남자친구의 성실함과 믿음을 보고 선택했다'고 자부했습니다. 그리고 하나님이 이런 나를 축복하실 것이라는 혼자만의 착각에 빠져 있었습니다. 제가 20대 후반에 유방암 수술과 치료를 받는 동안 남자친구는 옆에서 저를 지켜주었습니다. 그리고 시댁의 반대에도 불구하고 저와의 결혼을 약속했고, 이후 어렵게 시댁의 허락을 받아 교회에서 결혼예배를 드렸습니다."

이 집사님은 암 투병하느라 죽을 만큼 아팠고, 어렵게 한 결혼이니만큼 주변 사람들에게 잘 사는 모습을 보이고 싶었습니다. 하지만 결혼 반대에 맞서 싸우느라 모든 에너지를 다 써버린 남편은 결혼하자마자 우울증이 깊어져 화장실에 가는 시간 외에는 침대에서 일어나지도 못했습니다. 1년 이상 그런 일이 지속되자 박사과정 중에 있던 남편은 결국 공부도 중단했습니다. 무엇보다 이 집사님 혼자 파트타임으로 일해서 얻는 수입으로 생활하는 것이 너무 힘들어졌습니다. 이 집사님은 평생 느껴보지 못한 금전적인 어려움이 피부에 와닿자 비참하고 자존심이 상해 울었습니다. 그리고 속으로 무시했던 친구들의 모습이 눈에 들어오며 '나는 왜 저런 세상의 지혜가 없었나' 하는 원망까지 들었습니다.

형편이 어려워지니 자신이 아플 때 희생하며 기다려준 남편의 헌신은 까마득히 잊어버리고, '이렇게 집 안에 드러누워 있으려고 나와 결혼했나'라는 원망만 남았습니다. 젊은 이 부부에겐 하루하루가 전쟁 같았습니다. 우울증이 더욱 심해진 남편은 '늑간신경통'이라는 육체의 병까지 얻게 되었습니다. 영과 육이 황폐해진 남편을 보며 이 집사님은 그제야 자신이 할 수 있는 것이 아무것도 없음을 깨달았습니다. 그리고 배우자로 주신 남편을 날개 아래 품지 못한 자기 죄를 보았습니다.

"믿음 하나 보고 결혼을 했다고 생각했지만, 제 안에는 암 때문에 다른 남자와 결혼하지 못할 것이라는 두려움과 열등감, 그리고 남편의 보장된 미래에 대한 욕심이 있었습니다. '나의 비석을 꾸미는 의로움'(마 23:29)을 깨뜨리시기 위해 하나님이 지금의 환경을 허락하셨다는 것이 깨달아졌습니다."

이런 고백이 있은 후 비로소 이 집사님에게 남편을 긍휼히 여기는 마음이 생겼습니다. 부부관계도 점차 회복되었습니다.

이렇듯 아내가 사랑을 받으려면 먼저 자신의 부족함을 알아야합니다. 자기 죄를 보지 못하면 남편을 늘 정죄하고 원망하며 잔소리꾼이 될 수밖에 없습니다. 스스로 남편을 무능하게 만듭니다. 그 마음에서 남편을 향한 존경심이 어찌 우러나오겠습니까? 그런 남편에게는 또 무슨 자존감이 있겠습니까? 지혜롭지 못하고 그저 똑똑하기만 하면 남편의 사랑은커녕 남편의 앞길만 가로막을 뿐입니다.

바람피우는 남편에게 한 가지 공통점이 있다면, 그 아내들 대부분이 미인이라는 것입니다. 그런데 그 이유를 살펴보니 남자들이 무조건 예쁜 여자가 좋아서가 아니라 '새로운 여자'를 원하기 때문이라고 합니다. 예쁜 것이 좋아서 결혼했다가 좀 식상해지니 더 예쁜 여자를 찾아다니는 겁니다. 여자도 마찬가지입니다. 외모가 멋있어서 결혼하면 그 외모가 평생 가는 게 아니기에 금세 새로운 매력에 눈을 팔게 됩니다. 제아무리 절세미인이라도 사랑스러운 여인이 되지 못하는 것은 그 아름다움이 남성의 노리개가 되기 때문입니다. 육적인 아름다움은 욕정의 대상만 될 뿐입니다, 영원한 사랑의 대상이 아닙니다. 자기 잘난 것만 알면 오히려 그 때문에 교만해져서 사랑을 받지 못합니다. 그런데 안 예쁜 부인, 못난 남편하고 살아보십시오. '저 사람은 내가 버리면 같이 살아줄 사람이 없어' 하고 측은한 마음을 갖게 되고 그래서 더 잘 살지 않겠습니까? 그러므로 예쁘고 잘생긴 것 좋아하지 마시기 바랍니다. 힘들고 어려운 가운데 인격적인 성숙이 나오는 것처럼 외모가 아닌 내적인 것을 취할 때 성숙한 사랑을 맛볼 수 있습니다.

베드로는 "자기 남편에게 순종함으로 자기를 단장하되 머리를 꾸미고 금을 차고 아름다운 옷을 입는 외모로 하지 말고, 오직 마음에 숨은 사람을 온유하고 안정한 심령의 썩지 아니할 것으로 하라"(벧전 3:3-4)고 했습니다. 이것이 하나님 앞에서 더 값진 것이라고 했습니다. 그리고 "아내의 행실로 말미암아 (남편을) 구원받게 하려 한다"(벧전 3:1)고 했습니다. 남편의 구원을 위해 아내들에게 절대적으로 필요한 것은 순종입니다. 아내들이 할 것은 순종, 복종밖에 없습니다. 저도 남편에게 복종했기 때문에 남편이 하루아침에 갔음에도 두려움이 없었습니다. 남편에게 복종한 것이 내가 살 수 있는 모든 근거를 만들어준 것입니다.

사랑받지 못하는 아름다움이나 사랑받지 못하는 지혜로움은 다 무용지물에 불과합니다. 내가 부족하고, 내가 죄인임을 인정하는 것이 사랑의 지혜입니다. 사랑스러운 여인이 될 수 있는 지름길입니다. 내 부족함에도 불구하고 나와 함께 살아주는 남편을 진정 존경하는 마음을 가지다 보면 저절로 복종이 되고 사랑을 받게 됩니다. 행여 남편의 사랑을 받지 못하더라도 하나님께서 그 사랑을 책임져주실 것입니다. 이 하나님의 사랑을 믿어야 합니다. 이것이 결론입니다.

적용하기

-

남편을 존경하고 있습니까? 아니면 원수처럼 여기고 있습니까?
남편에 대한 나의 불만은 무엇입니까? 그것이 내 욕심 때문이라는 것을 인정합니까?

사랑받기 위한 부부사랑의 지침

✦ 오직 남편의 구원을 위해

창조의 순서는 남자가 먼저지만 재료는 여자가 더 훌륭합니다. 남자는 흙으로 지어졌기에 하나님의 생기가 들어가지 않으면 연약하고 부서지기 쉽습니다. 그래서 남자보다 더 강인한 것이 여자이지만 구원을 위해, 사명을 위해 남편에게 복종해야 하는 것입니다.

✦ '절대로' 아름다워야 합니다

다말도, 라합도, 밧세바도 비록 지질한 인생을 살았지만, 자신의 부끄러운 죄를 드러내고 주님께 무릎 꿇었기에 믿음의 조상 족보에 그 이름을 올렸습니다. 제아무리 예뻐도 말씀으로 자기 죄른 보지 못히면 절대직인 아름나움을 가실 수 없습니다. 균형 잡힌 시각으로 영육 간에 건강을 유지해야 합니다. 이것이 절대적인 아름다움의 비결입니다.

✦ 지혜로워야 합니다

한 아내의 지혜로운 복종이 남편을 변화시키고, 그 한 사람의 변화로 말미암아 가정이 변하고, 교회가 변하고 이 세상이 변하게 될 것입니다. 사람은 변하지 않는다고 하지만, 복음이 들어가면 이 세상에 변하지 않을 사람은 없습니다. 복음이 지혜입니다. 십자가 사랑만큼 지혜로운 사랑은 없습니다.

✦ 홀로서기를 잘 해야 합니다

남편이 자기를 쳐다보지도 않아서 외롭다고 하는 아내들이 많습니다. 남편을 너무 의지하기 때문입니다. 정말 매력 있는 여성은 남편에게 갇혀 살거나, 사별하거나 부부간에 고난이 와도 주어진 현실을 회피하지 않고, 혼자서도 잘 이겨나가는 여성입니다. 주님이 신랑이 되어주시면 외로움도 두려움도 무서움도 다 사라집니다.

✦ 사랑스러운 여인이 되어야 합니다

사랑스러운 아내가 되려면 무엇보다 남편을 존경해야 합니다. 내 노력으로 남편의 잘못된 습관을 고치고, 남편을 변하게 만들겠다는 생각을 내려놓아야 합니다. 내 힘으로 남편을 변화시키겠다는 생각을 내려놓으면 내 힘이 빠지고, 독기가 빠져서 저절로 사랑스러운 여인이 되는 것입니다.

사랑받기 위해 기도하기

하나님 아버지!

남편이 아내의 머리 됨이 그리스도께서 교회의 머리 됨과 같으니

남편에게 복종하라고 하십니다.

그런데 돈도 없고, 무능하고, 술과 도박, 음란에 빠져

가정을 돌보지 않고, 욕설을 일삼고 주먹까지 휘두르는 이 남편에게

도저히 복종할 수가 없습니다.

그러나 오직 남편의 구원을 위해 그리하라고 하십니다.

그리고 사랑받는 아내가 되라고 하십니다.

아름답고 지혜로움으로 홀로 잘 서 있으라고 하십니다.

내 힘으로 남편을 변화시키겠다는 생각을 내려놓고,

내 힘이 온전히 빠짐으로 저절로 사랑스런 아내가 되기를 소원합니다.

오직 예수 그리스도의 사랑으로

사랑받는 인생이 될 수 있도록 은혜를 더하여 주옵소서.

예수님 이름으로 기도합니다. 아멘.

공동체 고백

나를 위해 수고한 남편

첫아이가 5살 때 저는 남자의 사랑이 그리워 외도에 빠졌습니다. 그리고 상간 남의 아이를 낳고 전남편과 이혼한 후 그리고 상간남과의 사이에 태어난 아이 (둘째)와 함께 살며 상간남에게 사랑받고 의지하려 했습니다. 그러나 알고 보니 그는 심각한 노름 중독자에 무일푼 신세였습니다. 갈 곳도 없어 오히려 제가 사는 단칸방에 얹혀살아야 하는 지경이었습니다.

그런 어려움 가운데 저는 이모의 인도로 교회에 다니게 되었습니다. 전남편에게 두고 온 큰아이에 대한 그리움과 죄책감으로 잠을 이루지 못했고, 생활고로 고통을 당하던 중 둘째 아이가 폐렴으로 입원하면서 하나님께 엎드리게 되었습니다. 사는 것이 고통스럽고 기가 막혀 저 같은 여자가 성경에 있는지 뒤져 보기도 했으며, 큐티책을 읽고 또 읽으며 하루하루를 보냈습니다. 아이가 아프니 일을 할 수도 없고, 돈이 없어 갈 곳이 없으니 모든 예배를 빠짐없이 드리며 지냈습니다. 하나님이 계시고 나를 아신다는 큰 기쁨으로 어려운 시간을 보낼 수 있었습니다.

그리고 더욱 안정된 삶을 살고자 둘째 아이의 아빠와 혼인신고를 했습니다. 그런데도 그의 노름은 끊어지지 않아 저는 분노로 치를 떨었습니다. 한번은 노름 하느라 3일 동안 외박을 하고 들어온 남편의 옷을 찢고, 육탄전을 벌이며 싸웠습니다. 심지어 먹을 것이 떨어지자 재혼한 남편과도 헤어지고 싶었고, 머리를 찢으며 하나님 앞에 쓰레기보다도 못한 죄인임을 고백할 수밖에 없었습니다.

기댈 곳이라고는 하나님과 공동체밖에 없었습니다.

"남편이 노름은 하더라도 교회 예배와 모임에는 나오게 해야 한다"는 공동체의 권면을 받고 어떻게든 남편이 교회에 나오도록 섬기는 적용을 했습니다. 교회를 다녀본 적이 거의 없는 남편이었지만 지체들의 섬김과 하나님의 인도하심으로 교회에 잘 정착하게 되었습니다. 노름이 뜸해지고 택시 일을 성실히 하며 생활비도 가져다주었습니다. 살던 집도 반지하에서 임대 아파트로 옮길 정도로 환경이 좋아졌습니다.

하지만 얼마 전 남편이 다시 경마장에 다녀온 것을 알게 되었습니다. 다시 분노가 치민 저는 소리를 지르고 욕설까지 했는데, 그 바람에 제 위장병이 도져 허리를 펼 수 없는 통증이 계속되었습니다. 아무 일도 못 한 채 종일 드러누워 있는데, 사랑하지 말아야 할 때 사랑하고, 사랑해야 할 때 사랑하지 못한 저의 죄가 깨달아졌습니다. 인생을 돌이켜보니 남편의 죄보다 더욱 중한 저의 죄가 보였습니다. 남편의 노름 사건을 주신 것에 감사가 절로 나왔습니다. 남편의 노름 사건을 통해 남편의 구원을 위해 더욱 기도하게 하시니 감사드립니다. 불편하게 살지 않으면 깨달을 수 없고, 힘들지 않으면 깨어 있지 못하는 저를 깨우기 위해 항상 살피시는 하나님, 감사합니다.

제3장

사랑하고

남편들아 아내 사랑하기를

그리스도께서 교회를 사랑하시고

그 교회를 위하여 자신을 주심같이 하라

이는 곧 물로 씻어 말씀으로 깨끗하게 하사 거룩하게 하시고

자기 앞에 영광스러운 교회로 세우사

티나 주름 잡힌 것이나 이런 것들이 없이

거룩하고 흠이 없게 하려 하심이라

이와 같이 남편들도 자기 아내 사랑하기를

자기 자신과 같이 할지니

자기 아내를 사랑하는 자는 자기를 사랑하는 것이라

(에베소서 5:25-28)

조건 없는
사랑

바람을 많이 피웠다는 자칭 '외도 전문가' 한 분이 교회 홈페이지에 이런 글을 올렸습니다.

"남자는 자기의 목적을 이루는 능력을 통해 자기 존재를 확인하고자 합니다. 여자는 이런 남자의 특성을 알아야 가정이 거룩해집니다.

남자는 자기 능력을 입증해 보이거나 힘과 기술을 신장시키기 위해 끊임없이 노력하고 누군가가 자기를 필요로 한다고 느낄 때 힘이 솟구치고 마음이 움직입니다.

남자는 잠재 능력을 펼쳐 보일 기회가 주어지면 자신의 가장 뛰어난 모습을 마음껏 드러냅니다. 그러나 필요한 존재가 되지 못하는 것은 남자에게 있어서 천천히 찾아오는 죽음과도 같습니다.

남자에게 가장 큰 두려움은 하나님이 없어서 오는 두려움보다 자기가 썩 훌륭하지도 못하고 무능력한 존재일지 모른다는 것입니다. 남자들은 문제가 생기면 자기만의 동굴로 들어가서 해결책을 찾을 때까지 안 나옵니다. 남자는 여자와 달리 공감과 동정을 잘 구별하지 못하기 때문에 동정받는 걸 몹시 싫어합니다. 지나친 보살핌은 오히려 남자를 숨 막히게 하고 공감과 동정보다는 남자를 신뢰한다는 표현과 용기를 주는 말이 더 많이 필요합니다.

저는 참 단순한 남자의 모델 같습니다. 남자친구끼리 모여서 하는 일이라고는 먹고 노는 것뿐입니다. 여자는 일을 하고 놀면서도 시도 때도 없이 가정을 생각하지만, 남자인 저는 돈 없으면 일하고 돈 있으면 놀고먹으면서 가정은 뒷전입니다. 좀 먹고살 만하면 입이 즐거운 것만 찾아다니고 쾌락을 좇아 삽니다. 등 따시고 배부르면 안주하고 게을러지다 못해 음란으로 빠집니다.

그래서 저는 문제가 생기자, 나만의 동굴로 들어가 4년 동안 쾌락만이 해결책인 줄 알고 밤낮 바람만 피웠습니다. 하지만 그 동굴에서 내 힘으로 되는 게 하나도 없었습니다. 사업까지 말아먹고 있는 재산 다 날린 후 아내를 따라 우리들교회 공동체에 들어와서야 제자리를 찾았습니다. 하나님과의 관계가 회복되고 남들과 관계를 맺으며 함께 나누는 일을 통해서 만족을 얻었습니다.

우리들교회에 와서야 '세월을 아끼라, 때가 악하니라'의 참 의미를 깨달았습니다."

그리고 이분이 이렇게 결론을 내렸습니다.

"남자는 환경만 되면 언제든지 바람을 피울 수 있습니다. 내 남편도 예외일 수 없습니다. 단 한 가지, 때가 악한 줄 알고 예배와 교회 공동체에 붙어 있는 것이 바람피우지 않게 되는 비결이 아닐까 싶습니다."

이분은 자신도 우리들교회를 다니면서부터 바람을 안 피우게 되었다고 합니다. 아무튼 아내 집사님들 보라고 올린 글인데, 뒤집어 보면 남편들도 새겨 읽어야 할 글 같습니다. "제비 같은 X에게 무슨 들을 말이 있어!" 하면서 이분의 말씀을 절대 흘려듣지 마시기 바랍니다.

다윗도 우리아의 아내 밧세바와 간음을 행했습니다(삼하 11:2-4). 천하의 다윗이 이럴 수 있습니까? 하나님이 불륜을 저지르라고 다윗을 훈련시키시고 지위를 주셨겠습니까? 다행히도 다윗은 나단 선지자의 충고를 받아들여서 눈물로 회개하고 자기가 죄인임을 뼈저리게 깨달았습니다(삼하 12:13). 그래서 이후의 인생을 은혜롭게 살았습니다. 그러나 그렇게 회개를 했다고 해서 불륜이 없던 일이 되는 것은 아닙니다.

어떤 사람은 불륜을 합리화합니다. "남편이 알코올중독이라서, 돈을 못 벌어서, 성격이 포악해서 나에게 잘해주는 남자를 택했다", "아내에게는 매력을 느낄 수 없어서, 상대방이 유혹을 해왔기 때문에, 첫사랑을 다시 만나서 넘어갔다"고 핑계를 댑니다. 하지만 불륜은 어떤 이유로도 합리화될 수 없습니다.

인생의 목적, 결혼의 목적은 우리가 티나 주름 잡힌 것 없이 거룩하고 흠 없는 영광스러운 교회로 세워지는 것입니다. 서로가 서로에게 복종하고 사랑할 때 그렇게 되는 것입니다. 아무래도 남편의 믿음이 더 좋으면 이 역할을 더욱더 잘 감당할 수 있을 것입니다. 그러나 대부분 그렇지 못합니다.

저도 한때 아내로서 제 남편을 지켜보았지만, 남자는 여자에 비해 참 단순합니다. 그래서 사실 남편들에게 해드릴 말씀도 별로 없습니다. 여자는 '본 차이나'이고 남편은 흙인데, 여자 입장에서 남자에게 무슨 기대를 할 것이 있겠습니까? 남자를 무시해서 하는 얘기가 아닙니다. 남녀의 본질이 그렇게 다르다는 것입니다. 저도 남편과 살아 보니 확실히 그랬습니다. 우리들교회 여자 집사님들의 삶을 지켜봐도 대부분 그런 것 같습니다.

누구나 사랑하기에 결혼하고, 사랑을 받고 싶어 결혼합니다. 그러나 인간적인 사랑은 영원할 수 없습니다. 언젠가는 식게 마련입니다. 인간적인 사랑을 주고받는 것을 목적으로 결혼하면 언젠가는 실망하게 됩니다. 연애 시절, 남편과 주고받던 인간적인 사랑이 오래 지속될 리 없습니다. 그것이 영원할 줄 믿는 것이 문제입니다. 그 어리석음 때문에 사랑을 주고받기는커녕 서로 상처만 주고받습니다. 그 상처 때문에 부부간에 금이 가고 그것을 못 이겨 결국 이혼을 합니다.

　　연애 시절, 교제하던 자매가 '최고의 맏며느리요, 최고의 현모
양처요, 최고의 엄마'가 될 것만 같았고 그래서 '이 여자야말로 하
나님이 주신 배필'이라 믿고 결혼했지만, 그 아내를 결국 다른 남
자에게 빼앗겨버린(?) 한 남자 집사님이 계십니다. 도대체 무슨
잘못을 했기에, 더군다나 교회에서 '신교제, 신결혼'까지 했는데,
그토록 현모양처 같기만 하던 아내로부터 버림을 받은 걸까요?

　　"교회 청년부 시절 열심히 지체들을 섬기는 아내의 모습에 마음
이 크게 끌렸는데, 막상 결혼하고 보니 아내에게서 맏며느리와 현
모양처의 모습은 찾아볼 수가 없었습니다. 급기야 결혼을 앞두고
나의 돕는 배필을 위해 기도하지 않았던 게 후회되었고, '왜 하나
님은 나의 눈을 어둡게 하셔서 이런 여자를 아내로 선택하게 하
셨을까?' 하며 하나님까지 원망했습니다. 그리고 교회에 가서 열
심히 남편을 섬기는 여 집사님들을 보면서 '저분이 나의 아내였다
면 얼마나 좋았을까?' 탄식하며 지냈습니다."

이 집사님은 스스로 말하기를 "예배를 사수하고, 말씀을 사모하며 '하나님께 묻자와 이르되'의 삶을 살아왔다"고 합니다. 자신의 믿음이 매우 신실했기에 하나님이 현모양처를 주실 줄 알았답니다. 그러나 이 집사님의 신실함은 믿음이 아니라 그저 성품일 뿐입니다. 그래서 믿음 좋은 돕는 배필보다 성품 좋은 현모양처를 원했습니다. 믿음으로 하나님의 거룩을 이뤄가는 삶이 아니라 오직 성품으로 세상의 행복을 쟁취하고자 했습니다. 그러니 그런 남편을 둔 아내로서는 그 집안에서 사는 것이 얼마나 힘들었겠습니까? 남편에게 사랑받지도 못하는데, 현모양처로, 최고의 맏며느리로, 최고의 엄마로 살아야 하는 부담에 얼마나 숨이 턱턱 막혔겠습니까?

이분의 간증을 자세히 보세요. 하나님은 아내를 사랑하라고 하시는데, 이분의 간증에는 도대체 아내를 사랑했다는 고백이 한마디도 없습니다. 자신은 아내를 전혀 사랑하지도 않으면서 그 아내가 최고의 맏며느리가 되길 바라고, 최고의 현모양처가 되길 바라고, 최고의 엄마가 되기를 바라다니요. 그러니 그의 아내는 늘 남편 사랑에 목이 말랐을 것입니다. 그러다 자신을 이해해주고, 정감 있게 대하며 애정표현까지 하는 남자가 나타나자, 집이고 자식이고 다 버리고 떠났을 것입니다.

자신의 부족함은 전혀 보지 못하고 오히려 자신의 성품을 믿음으로 착각한 이 집사님이 '자기 혼자 슬퍼 울며 이를 가는 사건'을 겪게 된 것이야말로 자기 삶의 결론입니다. 남편에게 상처받은 아내가 집 나간 것을 편들거나 당연시해서 하는 말이 아닙니다. 내 아내가 집을 나가든, 다른 남자와 정분을 나누든 일방적으로 아내 탓을 하며 돌을 던지고, 비난할 것이 아니라 자기 죄를 보는 것이 우선입니다. 이 집사님처럼 이를 갈며 원망한다고, 집 나간 아내가 돌아오겠습니까? 돌아올 리 없습니다. 자신의 죄부터 먼저 깨달아야 합니다. 그래야만 문제 해결의 실마리를 풀어갈 수 있

는 것입니다.

이 집사님 역시나 그랬습니다. 아내가 집을 나간 후, 예배를 드릴 때나 큐티를 할 때나 하나님의 말씀이 들리기 시작하더랍니다. 그리고 그때마다 자기 죄가 보였습니다. 돕는 배필을 위해 단 한 번도 기도하지 않은 죄, 자신의 정욕으로 아내를 취하고서는 맘에 안 든다고 하나님을 원망한 죄, 교회 공동체의 여 집사님들을 보면서 '저분이 나의 아내였다면 얼마나 좋았을까?' 하며 '이웃의 아내를 탐한' 죄들이 속속 깨달아졌습니다.

그리고 무엇보다 하나님이 주신 귀한 사랑의 선물, 돕는 배필을 사랑하지 못한 죄가 깨달아졌습니다. 하나님의 사랑을 깨닫지 못해 소중한 가정을 사망의 코앞까지 이르게 한 자신의 죄를 하나님 앞에서 회개하고 아내를 찾아가 용서를 구했습니다. 그랬더니 그제야 아내의 마음이 돌아서더랍니다. 하나님이 깨어진 가정을 회복시켜주신 것입니다.

하나님은 아내에게는 "남편에게 복종하라" 말씀하시고 남편에게는 "아내를 사랑하라"고 하십니다. 그런데 복종하는 것보다 더 어려운 것이 사랑하는 것입니다. 복종은 내 의지를 꺾고 할 수 있지만 사랑은 지극히 인간적인 사랑조차 내 마음대로 하기 어렵습니다. 복종은 "네, 네" 하며 자기 의지를 꺾고, 자기 마음에 감정을 담지 않고도 할 수 있지만, 사랑은 마음에서 우러나오지 않으면 안 되기 때문에 노력한다고 될 일이 아닙니다. 여기서 말하는 사랑은 '아가페'입니다. 즉 무조건적인 사랑, 하나님의 사랑을 말합니다.

주님은 우리를 끝까지 사랑하셨습니다. 십자가에 못 박혀 죽기까지 사랑하셨습니다. 이것이 참사랑입니다. 남편이 아내를 죽기까지 사랑한다면 이보다 더 큰 사랑이 어디 있겠습니까?

아내를 그렇게 사랑하라고 명령하십니다. 남편에게 주어진 명령이 아내에게 주어진 것보다 그만큼 더 어렵습니다.

그러므로 남자가 예수님을 만나지 않고는 진짜 사랑을 하기가 어렵습니다. 예수 없이는 아가페 사랑이 생길 수 없는 것입니다.

"남편들아 이와 같이 지식을 따라 너희 아내와 동거하고 그를 더 연약한 그릇이요 또 생명의 은혜를 함께 이어받을 자로 알아 귀히 여기라 이는 너희 기도가 막히지 아니하게 하려 함이라"(벧전 3:7)고 하셨습니다. 아내를 귀하게 여기지 않으면 남편의 기도가 막힌다고 합니다. 기도가 막혔다는 것은 영적인 호흡이 끊어졌다는 것입니다. 그렇다면 그 믿음은 이미 죽은 것과 마찬가지 아니겠습니까?

아내를 귀히 여기지 않고 사랑하지 않는다면 내 믿음을 점검해볼 필요가 있습니다. 교회를 아무리 열심히 다니고, 봉사를 열심히 한다고 해도 정작 내 아내를 사랑하지 않는 사람은 예수님을 제대로 믿는 사람이 아닙니다. 실상은 아무런 믿음이 없는 것입니다. 그저 믿음이 아닌 기복으로 교회에 다니고, 내 의로움으로 봉사하는 것입니다.

특히나 교회에서는 인정받기 위해 천사처럼 행동하고 열심을 내면서 집에서는 가부장적인 태도로 아내를 종처럼 하대하는 남편들이 적지 않습니다. 돕는 배필은커녕 아내를 '내 인생을 가로막는 장애물'같이 생각하는 남편들도 한둘이 아닙니다. 그래서 아내를 무시하고 상의도 하지 않고 자기 혼자 집안일을 결정합니다. 그런데 그런 남편들이 결국 가정을 홀랑 말아먹는 것을 저는 참 많이 보았습니다.

적용하기

-

내 아내는 내게 복종만 하는 종입니까? 나를 돕는 배필입니까?
내 아내에게 사랑의 언어를 잘 쓰고 있습니까?

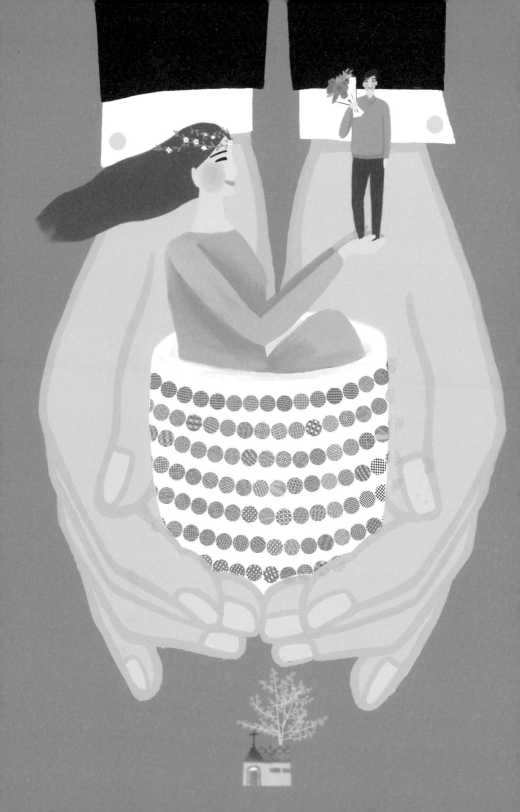

실력 있는
남편

　직장생활 18년, 결혼생활 15년 차가 되던 해에 직장에서 받는 스트레스를 피해 편하게 살고자 아내와 상의도 없이 직장을 그만두고, 수식 전업 투자자의 길로 들어선 남편이 있습니다. 그 결과 아파트 한 채를 홀랑 날려 먹고, 가족들을 데리고 전셋집을 전전하는 신세가 되었습니다. 이후로 불안증에 시달리며 피폐한 삶을 살아야 했습니다. 그런데 이렇게 망한 환경 가운데서도 그는 주식을 끊지 못한 채 부모님께 돈을 요구하며 계속 주식 투자로 소일하였습니다.

　그러다 교회로 인도되어 말씀을 들으면서 주식을 끊는 적용을 했더니 조그만 중소기업에 취직되었습니다. 스스로 "영광스러운 은혜를 입었다"고 했습니다. 이 정도 되면 정신 차리고 하나님 중심의 삶을 살아야 하는데, 사람의 욕심은 짐승의 것과도 같아서 끝이 없습니다. 이분 역시 심신이 좀 편해지니 또다시 이기고 이기려는 욕망에 휘둘려서 신용 대출까지 받아가며 다시 주식 투자를 시작한 것입니다. 물론 아내와 상의하지도 않고 말입니다.

"결과는 뻔했습니다. 투자했던 돈은 홀랑 날아가고, 실직까지 하는 바람에 대출 이자도 갚지 못하는 지경이 되었습니다. 그제야 아내에게 고백하고 도움을 요청했습니다. 그래도 자식들에게 무능한 아버지의 모습을 보여주기 싫어 '육체노동이라도 해야겠다' 하고 일감을 찾다가 식당 주방에서 일하게 되었습니다. 그러나 처음 하는 육체노동인지라 너무 힘이 들었습니다. 그제야 제가 얼마나 나약하고 편한 것만 좋아했던 죄인인지를 알게 되었습니다."

이처럼 가진 것도 없고 실력도 없으면서 자기 정욕대로 사는 남편이 한둘이 아닙니다. 마음이 다 콩밭에 가 있는데, 어찌 아내를 사랑할 수 있겠습니까? 아내들은 또 어찌 이런 남편을 믿고 의지하고, 복종하겠습니까?

아내를 사랑하는 남편이 되려면 남자는 무엇보다 실력을 키워야 합니다. 남자는 실력이 있어야 합니다. 여자가 아름다워야 하는 것처럼 남자는 실력이 있어야 합니다.

이 실력이라는 것이 돈 많고 재주 많고 학벌이 짱짱한 것을 말하는 게 아닙니다. 보기에 어리숙해도, 키가 작고 못생겨도, 돈이 없고 배운 것 없어도 아내에게 "내 남편은 대단한 사람"이라는 소리를 들으면 실력이 있는 것입니다. 그렇다면 돈 없고, 배운 것도 없고, 빽도 없는데 어떻게 아내로부터 '대단한 남편'이라는 소리를 들을 수 있겠습니까?

여자는 자기 일에 최선을 다하고 열심히 일하는 사람을 보면 존경합니다. 존경받는 남편이 되려면 최선을 다해 열심히 일해야 합니다. 많이 배우고 못 배우고가 중요한 게 아니라, 돈이 많고 적고가 중요한 게 아니라 자신이 하는 일에 최선을 다하고, 그 분야에서 최고가 되려고 노력하는 모습을 보여야 합니다. 비록 힘들어 지치더라도 매일 아침 신나게 출근하는 남편은 아내에게 존경을 받습니다.

　　장애인인 부모님과 어려운 가정형편 때문에 언제나 무시당하며 자랐기에 반드시 성공해서 절대로 무시당하지 않는 사람이 되기로 굳게 마음먹고 독하게 공부를 하신 분이 계십니다. 다른 형제들보다 많이 배웠기에 자신이 반드시 장애인인 부모님과 가족들을 보살펴야 한다는 의로움으로 결혼해서는 아내에게 일방적인 헌신을 강요했습니다. 동생의 대학 등록금과 부모님의 시골집 건축 비용 등 결혼 초부터 줄곧 돈 들어갈 일이 많았고, 그로 인해 날마다 아내와 다퉜습니다. 돈 없다고 불평하는 아내에게 가계부를 쓰게 하고 주기적으로 검사했습니다. 매사 아내와 상의 없이 일방적으로 집안일을 결정했고, 아내와 가족 간에 마찰이 일어날 때마다 "당신은 트러블메이커"라며 가족 편에 서서 아내를 정죄했습니다. 게다가 장애인 부모에 대한 열등감이 있으니 아내의 언행 하나하나에 민감하게 반응하며 "부모님을 무시한다"고 아내를 나무랐습니다. 그러면서 자신은 출세를 위해 술과 도박을 즐기며, 외박도 예사로 했습니다.

부부간의 갈등은 점점 깊어졌습니다. 서로 심한 욕설을 퍼부으며 새벽까지 피 말리게 싸우는 날이 잦아졌습니다. 급기야 장모님과 딸 앞에서 서로 치고받는 싸움까지 하다가 아내가 "더는 못살겠다"며 약을 먹고 자살을 시도해 응급실에 실려 가는 일까지 생겼습니다. 그래도 주위 사람들의 시선과 여러 가지 생활의 불이익 때문에 이혼을 못 하고 있었는데, 하루는 집안일에 일일이 참견하는 시어머니에게 화를 내는 아내를 보고는 더 이상 참지 못하고 이혼을 요구했습니다.

그 무렵 아내가 갑상선 수술을 하게 되었는데, '이혼하기 전에 할 도리'라 여겨 병간호만큼은 직접 해주었습니다. 그런데 아내가 다니는 교회의 집사님들이 매일 문병 와서 기도해주고 말씀을 전하시면서 "교회에 꼭 나오라"고 자신을 전도했답니다. 이분은 누구에게 신세 지고는 못 사는 성격인 데다 아내도 "교회에 네 번만 나와 주면 이혼해주겠다"고 했기에, 이혼을 위해 교회에도 가고 소그룹 모임에도 나가주었습니다. 그러다 교회로 향한 발길을 끊지 못하고 결국 교회의 양육까지 받게 되었는데, 그 과정에서 '나 때문에 아내가 많이 힘들었겠구나!' 하는 생각이 들었습니다.

가난과 장애인 부모로 인해 받은 무시 때문에 늘 열등감에 사로잡혀 살았고, 툭하면 그것을 들추는 아내가 너무 미워서 아내를 억압하던 자기 죄를 보게 된 것입니다.

이혼하기 위해 교회에 다니기 시작하셨던 이분은 지금 교회 소그룹 모임의 리더가 되어 이혼 위기에 있는 가정을 찾아다니며 "이혼은 절대 안 된다"를 외치고 있습니다. 내가 이처럼 하나님 중심의 삶을 살면 세상적인 가치관을 내려놓게 되고 세상적인 열등감도 저절로 사라지게 됩니다. 그러므로 남편들에겐 무엇보다 말씀이 필요합니다. 남편이 영적으로 편안하면 아내들도 편안하고 안정을 누리지만, 남편이 영적으로 흔들리거나 하나님 중심의 삶을 살지 못하면 아내뿐 아니라 온 가족이 불안해합니다. 그러므로 남편은 영적인 실력도 키워야 합니다.

적용하기

-

나는 지금 아내에게 존경을 받고 있습니까? 무시 받고 있습니까?
아내에게 존경받기 위해 내가 갖추어야 할 실력은 무엇입니까?

사랑의 책임은 남편에게 있습니다.
사랑은 남편에게서 아내에게로 흐르게 되어 있습니다.
그러므로 아내를 사랑해야
비로소 자녀도 사랑할 수 있습니다.
자녀들은 자신이 부모의 사랑을 받는 것보다
부모가 서로 사랑하는 것을 더 기뻐한다고 합니다.
부부가 한방에서 자고,
서로 사랑하는 모습을 보여주는 것이
자녀에게 주는 최고의 가정교육입니다.

마음이 넓은
남편

"여보, 나 물 좀 줘!"

"아니, 당신은 TV 보면서. 손이 없어, 발이 없어?"

"이, 그래. 알있이."

30여 년 전, 대학교 1학년인 과외 선생과 고1 여학생으로 만난 것이 인연이 되어 결혼한 부부가 요즘엔 이렇게 산답니다. 두 분 다 의사입니다. 일하고 들어와서 아내나 남편이나 피곤한 것은 마찬가지일 텐데 눈치도 없고 양심도 없는 남편들은 대부분 저녁 차리고 뒷정리까지 하는 아내를 돕지는 못할망정 이것저것 부려 먹으려 합니다.

이처럼 남자는 여자에게 군림하고 싶어 합니다. 자기 고집이 있습니다. 남자는 무서운 경쟁 병에 걸려있기 때문에 열등감에 허덕입니다. 그 누구도 예외가 없습니다. 본성이 그렇습니다. 그러니까 마음이 넓을 수 없습니다. 남자가 여자보다 마음이 더 넓은 것 같은데 꼭 그렇지만은 않습니다. 치열한 경쟁 사회에서 살아남아야 하니 늘 불안과 두려움 때문에 마음이 쪼그라들어 있습니다. 그런 내면 상태가 치유되지 않으면 도저히 건강한 남편이 되기 어렵습니다. 여자들은 우울증이 생기면 그냥 슬프지만, 남자들은 심술, 짜증, 의기소침, 화, 분노, 냉소적인 모습을 갖게 된다고 합니다. 그래서 퇴근 후 집에 오면 심술을 부리고, 짜증을 내고, 한마디 말도 하지 않습니다. 남편 대부분이 그렇다고 합니다. 그러니 어찌 이런 삐뚤어진 마음, 좁은 마음으로 아내를 사랑할 수가 있겠습니까?

아내에게는 매일 "예쁘다, 사랑한다" 칭찬을 해주어야 합니다. 아내는 칭찬을 통해 더 기쁘게 남편을 섬기고 가정을 돌봅니다. 그러므로 남편들은 매일 창조적으로 다르게 표현하며 아내를 칭찬해야 합니다.

"당신은 어쩜 그렇게 발뒤꿈치도 예뻐?"

이런 말 얼마나 좋습니까. 그러면 당장 다음 날 식탁의 반찬이 달라집니다. 그런데 남편들은 "그 말을 꼭 해야 아나? 내가 안 좋으면 너랑 살겠냐?" 이럽니다.

오늘부터라도 아내를 칭찬하는 적용을 하십시오. 짐승처럼 성적 만족, 아름다운 몸매만 원하지 말고, 따뜻한 말로 사랑을 표현하시기 바랍니다.

"아내는 더 연약한 그릇이요 또 생명의 은혜를 함께 이어받을 자로 알아 귀히 여기라"(벧전 3:7)고 했습니다. 여기서 연약한 그릇이란 여자가 영적으로 지적으로 부족하다는 의미가 아니라 육체적으로 감정적으로 약하다는 것입니다. 그런 여자의 연약함을 돌보고 보호하라는 것입니다. 그런데 "또 생명의 은혜를 함께 이어받을 자로 알아 귀히 여기라"고 합니다. 생명의 은혜는 나 혼자 이어가는 것이 아니라 함께 이어가는 것이기 때문입니다. 연약한 그릇 같은 아내의 문제를 내 문제로 여기라는 것입니다. 전적인 책임을 지라는 것입니다.

그런데 주위엔 연약한 아내의 문제를 넓은 가슴으로 안아주지 못하는 남편들이 너무 많은 것 같습니다.

결혼 초부터 오직 세상 성공을 향해서 달렸기에 밤마다 술을 마시며 음란을 즐기고, 주말에는 골프를 치러 다니며 아내를 외롭게 하다가 결국 이혼당한 집사님의 간증입니다.

"제가 빨리 성공해야 모두가 편안하게 살 수 있다는 말을 늘 입에 달고 살았습니다. 이런 말로 저의 문란한 생활을 합리화하며 신혼의 단꿈을 꾸고 있던 아내의 입을 막곤 했습니다. 첫 출산 후 몸조리를 위해 처가에 갔던 아내는 제가 집에 있는 둥 마는 둥 하니 줄곧 처가에 머물렀고, 그러다가 결국 저는 결혼 3년 만에 이혼을 당했습니다. 그런데도 저는 '이렇게 가족을 위해서 열심히 살았는데 이런 나를 배신하다니……' 하면서 분하게 여겼습니다. '아들까지 있는데, 자식을 생각해서라도 좀 참았어야지 그렇게 쉽게 이혼을 요구하다니' 하며 오히려 아내를 정죄했습니다. 그리고 '여자 혼자 세상을 살아가는 게 얼마나 어려운지 한번 당해봐라' 하는 악한 생각까지 품었습니다."

잡은 물고기에게는 밥을 안 준다고, 이분은 결혼 후 3년 가까이 일을 핑계 삼아 술집을 다니느라 밤 12시 이전에 집을 들어가 본 적이 없답니다. 출산 후 홀로 아이를 키우는 것을 힘들어하던 아내가 이혼을 요구하며 처가로 가버려도, '이렇게 좀 떨어져 있다가 다시 합치면 되겠지' 하고 안일하게 생각하면서 이혼 서류에 도장을 찍었답니다. 자기 죄를 전혀 보지 못하니 그럴 수밖에 없었을 것입니다. 그런데 이분이 '이혼 후 혼자 살다 보니 사람이 그리워' 교회에 다니기 시작했습니다. 그리고 '집밥 먹는 맛'으로 소그룹 모임에도 열심히 다녔습니다. 거기까지는 좋았는데, 이분이 공동체의 만류에도 불구하고 재혼을 했습니다. 공동체에서는 "전처와의 사이에 아이까지 있으니 재결합을 위해 노력하라"고 했는데, 그 권면을 무시하고 재혼을 강행한 것입니다.

재혼은 아프리카 선교보다도 어렵다고 합니다. 이혼으로 인한 상처와 연약함을 체휼해주고 감싸주기는커녕 첫 결혼에 실패한 과거를 들먹이며 서로 정죄하고 치고받고 싸웁니다. 피차 딸린 아이가 있으면 "마이 베이비, 유어 베이비" 하며 날마다 다툽니다. 이분 역시나 재혼을 해서 아이를 둘을 더 낳고 살고 있는데 그로 인한 고난이 예사롭지 않습니다.

둘째가 배다른 큰형이 있다는 것을 알게 된 이후부터 "왜 형아
는 우리랑 같이 안 살고 따로 살아?" 하며 수시로 물어보고, 유치
원이나 교회에서 만나는 사람마다 "우리 형아는 열아홉 살"이라
고 자랑스럽게 이야기를 하고 다닌답니다. 유치원 다니는 꼬마가
열아홉 살이나 되는 형이 있다고 하니 그 이야기를 들은 주위 사
람들은 아내를 만나면 "아니, 그렇게 큰 아들이 있어요?" 한답니
다. 그 말을 들을 때마다 재혼한 아내의 심정이 어떻겠습니까? 말
문이 막히겠지요. 그런데도 이 집사님은 "재혼해서 살다 보면 그
럴 수도 있지. 당연히 사람들이 궁금해하겠지" 하고 마치 자기는
아무렇지도 않은 듯 넘어갑니다.

얼마 전에는 전처소생의 큰아들 교육비 문제 때문에 아내와
다툼이 있었는데, 결국 아내로부터 "왜 전처가 당신하고 헤어졌
는지 너무 이해가 된다"는 말까지 들었습니다. 그리고 그 아내가
그때부터는 자기를 "은사님, 은사님" 하고 부르더랍니다. 하나님
을 믿으니 사람이 좀 바뀔 줄 알았는데 여전히 독단적으로 판단
하고, 고집을 굽히지 않고, '은근히 사람을 죽인다'고 해서 아내가
붙여준 별명입니다.

그런 고난 가운데서도 주님께서는 이 집사님에게 전처가 키우고
있는 큰아들과 주일예배를 함께 드릴 수 있는 여건을 허락해주셨
습니다. 그런데 얼마 전에는 또 이런 일도 있었다고 합니다.

큰아이가 급성 천식 때문에 폐 기능이 갑자기 약해져서 응급실

에 입원했다는 소식을 전처로부터 전해 듣고는 아버지로서 병원에 가야 하나 말아야 하나 망설이고 있는데, 아내가 "이 또한 큰 애와 아이 엄마의 구원을 위하여 있어야 할 사건이라고 생각한다. 나도 같이 가겠다" 하며 서둘러 문병 갈 준비를 하더랍니다. 집사님은 아내의 그런 결정에 감사했고 아내가 존경스러워 보이기까지 했습니다. 아파도 아빠를 마음대로 찾을 수 없는 큰아들 처지나 마음 편히 갈 수 없는 자신의 신세나 전처의 입장 또한 한결같이 난처해서 이 집사님으로서는 이러지도 저러지도 못하고 있는데, 그처럼 먼저 나서주는 아내가 그렇게 고마울 수가 없었습니다. 그런데 또 한편으로는 많은 의료진과 환자, 보호자들로 붐비는 응급실에서 전처와 아내 그리고 자신, 이렇게 세 사람이 함께 있을 상황이 엄두가 나지 않았습니다.

"저는 그저 성령님께 함께해달라고 기도하고 용기를 내서 집을 나섰습니다. 차를 운전하면서 가는데 이상하게 계속 눈물이 났습니다. '전처와 아내 그리고 제가 꼭 이렇게 '3자 대면'을 해야 하나요? 주님, 이런 일까지 적용해야 하나요'라는 생각도 들었습니다. 응급실에 도착하니 사람들이 저희만 쳐다보는 것 같았고 '누가 애 엄마지?' 하면서 수군대는 것 같았습니다. 저는 세 사람이 함께 있는 자리가 하도 뻘쭘해서 응급실을 빠져나왔습니다. 딱히 갈 데도 없어서 매점으로 가서 물을 두 병을 샀습니다. 다시 응급실로 와서 물을 건네줘야 하는데, '이걸 누구에게 먼저 줘야 하나,

전처에게 먼저 줘야 하나 아내에게 먼저 줘야 하나, 동시에 줘야 하나?' 고민했습니다. 그래도 우리나라는 동방예의지국이니 '형님'에게 먼저 주는 게 맞다 싶어 전처에게 물을 먼저 건네줬습니다. 그런데 그때 아내가 언제 챙겨왔는지 큐티잡지 한 권을 전처에게 전하며 '큰애가 엄마하고 교회 같이 다니는 것이 소원이래요. 그래서 저희가 항상 기도하고 있어요. 꼭 큰애와 같이 교회에 나오세요' 하며 복음을 전하고 있었습니다. 그 모습을 보는데 또다시 눈물이 났습니다. 하나님께 너무나 감사했습니다."

그러나 문제는 그 후였습니다. 그길 "함께 병원에 가자"며 먼저 집을 나서기도 했고, 또 병원에 가서는 전처에게 복음까지 전했지만, 그 아내로서는 이 집사님이 병실에서 전처와 다정하게 이야기하는 모습을 보는 게 참 힘이 들었을 것입니다. 그날 남편이 집으로 돌아와 "고맙다, 많이 힘들었지?"라고 한마디만 했더라면 참 위로가 많이 되었겠지요. 그런데 이 집사님은 빈말로라도 일체 그런 말을 하지 않았습니다. 그래서 아내 분이 남편의 무심함에 마음이 상해서 "아까 응급실에서 물병을 왜 나 먼저 주지 않았어?" 하고 따졌답니다. 그런데도 이 눈치 없는 남편은 되레 "그런 문제로 사람 입장 난처하게 한다"고 성질을 냈습니다. 자신도 감당하기 힘든 자리에 함께 가서 전처에게 복음까지 전해준 아내에게 늘 감사했지만, 말 그대로 마음뿐이었습니다. '은근히 사람을 죽이는’ 그 별난 은사가 어디로 가나요? 사람 죽이는 말만 내뱉다 보니 부부간의 갈등은 점점 더 깊어지고, 급기야 부부 싸움으로 번졌습니다. 부부가 며칠 동안 밤새 싸우다 보니 그 집안에 말씀이나 평강은 찾아볼 수 없었습니다. 그동안 ‘우리 부부는 한 말씀, 한 언어를 쓰며 화평을 잘 이루어 간다’고 자처했는데, 화평이고 뭐고 다 사라져 버렸습니다.

이혼은 당사자들에게만 상처를 남기는 것이 아닙니다. 자녀들에게도, 재혼한 배필에게도, 시댁에도, 친정에도 깊은 후유증을 남깁니다. 이 집사님은 재혼한 지 1년 만에 처음으로 ‘아! 이래서 그렇게 재혼을 말리셨구나!’라는 생각을 하게 되었답니다. 앞으로도 계속 크고 작은 갈등과 사건들이 쉴새 없이 밀어닥칠 텐데 이걸 어찌 견디고 어찌 해석하며 가야 할지 막막해 한없이 두려웠다고 합니다.

이 집사님은 이런 일을 겪은 후 비로소 이혼이 얼마나 잘못된 것인지 깨닫게 되었습니다. 이혼하기까지 전처에게 악하게 굴었던 자신의 죄악 된 모습이 그제야 보였던 것입니다. 그래서 지금은 이혼 위기에 처한 가정을 찾아다니며 “이혼은 절대 안 된다”를 외치고 있습니다. “이혼은 저주”라고 부르짖고 있습니다. 특히 교회에서고 직장에서고 아내를 잘 품지 못하는 남편들을 만나면 “아내를 제발 사랑하라”고 외치고 다닙니다.

그런데 그의 아내가 복음을 전한 보람이 있어서 그 전처가 지난해에 우리들교회에 등록을 했습니다. 큰아들이 "생일 선물 대신 교회에 한 번 와달라"고 엄마에게 부탁했는데 그 일이 실제로 이뤄진 것입니다. 그리고 이 집사님은 공예배에서 재혼 고난을 간증하며 이혼을 회개하고 전처에게 공개적으로 사과하기도 했습니다.

남자들이 다 이렇습니다. 도대체 한 몸인 아내의 마음을 몰라도 너무 모릅니다. 결혼은 내가 배우자와 한 몸이 되는 것입니다. 곧 배우자가 내 육체가 되는 것입니다. 그것도 모르고 자기 육체를 미워하고 학대한다면 이보다 더 어리석은 일이 어디 있겠습니까. 그걸 모르니 어떤 것이 사랑이고 어떤 것이 미움인지도 모르는 것입니다. 그래서 "아내를 사랑하라"고 하면 그저 인간적으로, 육적으로 사랑하면 그만인 줄 압니다. 같이 잠자고, 값비싼 명품 가방 사주는 것이 사랑의 전부인 줄 압니다.

진정한 사랑은 그게 아닙니다. 앞서도 말했듯이 하나님의 사랑, 예수님의 조건 없는 참사랑이 진정한 사랑입니다. 그런데 내가 예수가 아니고, 내 아내가 천사표도 아닌데 어찌 그런 사랑을 품을 수가 있겠습니까?

하나님이 돕는 배필을 이끌어 오셨을 때 아담이 한 첫말이 무엇입니까? "아담이 이르되 이는 내 뼈 중의 뼈요 살 중의 살이라 이것을 남자에게서 취하였은즉 여자라 부르리라 하니라"(창 2:23) 했습니다. "내 뼈 중의 뼈요 살 중의 살이라!" 했습니다. "남자에게서 취하였은즉 여자라 부르리라!" 했습니다. 여자란 이렇게 감탄사가 절로 나오는 대상입니다.

사랑의 책임은 남편에게 있습니다. 사랑은 남편에게서 아내에게로 흐르게 되어 있습니다. 그러므로 아내를 사랑해야 비로소 자녀도 사랑할 수 있습니다. 자녀들은 자신이 부모의 사랑을 받는 것보다 부모가 서로 사랑하는 것을 더 기뻐한다고 합니다. 부부가 한방에서 자고, 서로 사랑하는 모습을 보여주는 것이 자녀에게 주는 최고의 가정교육입니다. 특히 아빠가 엄마를 사랑하는 모습을 보여주면 자녀의 정서에 매우 유익하고, 심리적인 안정감을 준다고 합니다. 이것이 창조의 원리입니다. 가정이 창조의 원리에 의해 세워졌기 때문입니다.

적용하기

–

아내에게 매일 "예쁘다, 사랑한다" 칭찬을 해주십니까?
내가 반드시 품어야 할 아내의 연약함은 무엇입니까?

말씀이
들리는
남편

우리들교회의 한 남편 집사님이, 예수님이 교회를 사랑하신 것 같이 아내를 사랑하기 위해 구체적으로 적용하고자 '아내를 위한 십계명'을 만드셨습니다.

한심하고 답답한 일을 보더라도 너무 절망하지 말 것.

말을 부드럽게 할 것. 부드러운 말을 못 듣더라도.

악하고 게으른 것이 나에게도 있으니 분노는 나에게 할 것.

비판을 받아도 정면 돌파하지 말 것.

부족한 것을 지적하지 말고 잘한 것만 칭찬할 것.

잘못된 것을 잡아주되 사랑과 부드러움과 격려로 할 것.

원수 같아도 주님을 바라보고 보복하지 말 것.

매사에 '예수님이라면 어떻게 하실까?' 생각할 것.

사소한 기분으로 시간을 망치지 말 것.

아내의 기도 제목과 내 기도 제목이 같아도 화내지 말 것.

그리고 이렇게 덧붙였습니다.

"아내가 잘못해도 말로 보복하지 말고 감사해야겠다. 범사에 감사하며 쉬지 말고 기도하자. 현실을 무시한 기적은 나를 바보로 만들 것이다."

그렇습니다. 말씀이 들리면 이렇게 능력의 말씀으로 만물을 붙들게 됩니다.

어릴 적부터 부모님 말씀에 순종하고, 성적은 최상위권에 리더십까지 있어서 고등학교 3년 동안 줄곧 학급 반장을 하고 한때는 전교 부회장을 맡기도 했다는 집사님이 계십니다. 집안도 윤택하고, 사회생활도 '대기업보다 연봉을 훨씬 많이 주는' 직장에 들어가 탄탄대로를 달렸습니다. 그러니 주님을 찾을 일도 없었습니다.

"저는 아내와 처음 만난 순간 결혼을 예감하고, 2년 정도 연애하다가 혼전 임신을 하는 바람에 서둘러 결혼식을 올렸습니다. 그러나 결혼만 하면 행복이 가득하리라 생각했던 저의 꿈은 결혼 후 산산이 부서지고 말았습니다. 임신과 출산으로 아내가 힘들어하는 모습은 보지 못한 채 출근할 때 밥을 차려주지 않고, 와이셔츠도 다려놓지 않고, 퇴근해도 따뜻하게 맞아주지 않는 모습만 눈에 들어왔습니다. 그래서 '난 이렇게 훌륭한 남편인데, 너 때문에 결혼생활이 힘들고 재미없다'며 노래를 불렀습니다. 그리고 '즐겁고 행복하게 살고 싶다'를 외치며 밖에서 사람들과 어울려 자정이 넘도록 술을 마시고, 틈만 나면 다른 여자들을 만나 유흥을 즐겼습니다. 그렇게 결혼 후 5년 동안 다른 여자와 만나다가 아내에게 세 번이나 걸려도, 상사와의 갈등으로 직장을 그만두게 되어도, 대학원 박사과정을 거치며 경제적인 수입이 없어져도, 부모님을 모시고 살면서 불화가 생겨도 '나는 문제없어' 하며 노래를 불렀습니다."

바람피우다 아내에게 세 번씩이나 들통이 나고, 직장에서 쫓겨나 수입이 없어도, 아내가 고된 시집살이를 하면서 고부 갈등에 힘들어해도 '나는 문제없어' 하는 것이 비단 이분뿐이 아닙니다. 남편들이 대부분 그런 것 같습니다. 자신의 반쪽인 아내의 고충을 잘 모릅니다.

"그런데 교회를 다니기 시작한 후 말씀을 듣는데, 문득 제가 아내에게 얼마나 잘못하고 있는지 깨달아졌습니다. 아내가 무엇 때문에 힘들어하는지, 아내의 힘든 것이 무엇인지 전혀 모르고 있는 무심한 제 모습이 보였습니다. 내 죄를 깨닫고 잘못을 인정하니 문제 아내는 없고 문제 남편만 있다는 것이 깨달아졌습니다. 이제라도 말씀 안에서 '아내를 사랑하라'는 주님의 명령에 순종하고, 아내와 한 언어를 쓰며 구원의 기쁨을 노래할 수 있기를 소망합니다."

그나마 말씀이 들리니 아내의 힘든 모습이 보였다고 합니다. 아내의 존재에 대해 살피기 시작한 것입니다. 여러분은 지금 나와 함께 살고 있는 아내가 어떤 존재인지 얼마나 알고 있습니까?

"하나님이 자기 형상 곧 하나님의 형상대로 사람을 창조하시되 남자와 여자를 창조하시고"(창 1:27)라고 합니다. 여자는 창조물이

지 종속물이 아닙니다. 다른 피조물은 암컷이건 수컷이건 종류대로 창조되었지만, 사람은 남녀가 각각 창조되었습니다. 본질적으로 아무런 차이가 없습니다. 남녀 모두 하나님의 형상대로 창조되었기 때문입니다. 그러므로 동등을 넘어서 피차 목숨을 걸고 사랑하고 순종해야 할 관계입니다.

하나님이 남자에게 돕는 배필을 주신 이유가 무엇입니까?

"여호와 하나님이 이르시되 사람이 혼자 사는 것이 좋지 아니하니 내가 그를 위하여 돕는 배필을 지으리라 하시니라"(창 2:18)고 했습니다. 하나님은 사람이 혼자 있는 것이 좋지 못함을 아시고 돕는 배필을 만들어주셨습니다. 우리가 생령이 되어서 구속사의 주인공이 되고, 말씀을 들으며 내 환경에서 가정과 교회를 지키고 다스려야 하는데 혼자서는 이 일이 얼마나 힘든지 모릅니다. 그래서 우리에게 돕는 배필을 주신 것입니다.

그런데 그 '돕는 배필'을 대충 만들어서 주신 것이 아닙니다. 구체적인 방법으로 여자를 창조하셨습니다. 먼저 아담을 잠들게 하시고, 그의 갈빗대 하나를 취하여 살로 대신 채우셨습니다(창 2:21).

먼저 세상에 대해 깊이 잠들게 하신 것입니다. 남자든 여자든 세상을 향해 눈을 크게 뜨고 있으면 제대로 된 돕는 배필을 찾을 수 없습니다. 내 눈으로 선택하고 내 방법으로는 찾아서는 안 됩니다. 그것은 불신결혼과 다를 게 없습니다. 하나님의 눈, 믿음의 눈으로 돕는 배필을 찾지 않고 안목의 정욕에 사로잡힌 눈으로 배우자를 찾고 선택하는 것이 불신결혼입니다. 그러므로 진정한 돕는 배필을 찾으려면 육신의 정욕과 이생의 자랑, 안목의 정욕을 내려놓고, 세상만 바라보던 눈을 감고, 깊이 잠들어야 합니다.

그리고 "여호와 하나님이 아담에게서 취하신 그 갈빗대로 여자를 만드시고 그를 아담에게로 이끌어 오시니"(창 2:22)라고 합니다. 아담은 흙으로 만드셨지만, 여자는 아담의 갈빗대로 만드셨습니다. 이렇게 아내를 진정으로 사랑하려면 내 갈빗대를 주는 아픔이 있어야 합니다.

앞서도 잠깐 언급했지만 흙으로 지어진 남자들은 그야말로 연약한 흙먼지 같아서 하나님의 생기가 들어가지 않으면 얼마나 부서지기 쉬운지 모릅니다. 그러므로 남자에겐 반드시 하나님의 말씀이 필요합니다.

"세상에서 실패를 몰랐던 저는 의사국가고시에서도 전국 1등을 하며 결혼 후 개업의로서도 성공을 향해 달려갔습니다. 개업 첫 달부터 환자가 백 명을 넘었고 몇 년이 지나지 않아 하루에 400명이 넘는 환자를 보는 대박을 터뜨렸습니다. 그러나 맞선으로 만난 아내가 결혼 후 6개월 만에 거식증으로 정신병원에 입원하면서 제 고난이 시작되었습니다. 식이장애 치료로 유명하다는 병원을 돌아다녔지만, 아내는 오히려 알코올중독까지 걸렸고, 저는 매일 아내가 숨긴 술병을 찾는 형사가 되어 전쟁 같은 시간을 보냈습니다. 그러다 아내가 어떤 남자와 주고받은 문자까지 보게 되면서 이혼할 절호의 기회로 여겼습니다. 하지만 저는 어린 아들을 생각해 아내에게 병 나을 마지막 기회를 준다는 심정으로 어머니의 간곡한 청에 의해 교회에서 예배를 드리기 시작했습니다. 그러나 소중한 내 시간을 병든 아내 때문에 허비한다는 억울함으로 아내에게 매일 욕설을 퍼부었습니다."

배울 만큼 배운 의사 남편이 병든 아내에게 매일 욕설을 퍼부어댔다고 합니다. 제가 어디서 주워들은 이야기가 아니고, 제가 목회를 하는 교회에서 한 남자 집사님이 이렇게 간증을 했습니다.

"저는 예수님을 '속이는 자'라고 비난한 대제사장들과 바리새인처럼 설교말씀을 옳고 그름으로 따지고, 지체들의 간증도 의심했습니다. 그리고 집에서는 예수님의 무덤을 지키던 경비병처럼(마 27:65) 오직 아내가 술을 마시는지 밥을 먹고 있는지 굳게 지키며, 술을 끊지 못하는 아내를 적발하려 했습니다."

이 집사님의 간증에 의하면 "말씀이 틀렸다는 것을 입증하고자 굳게 예배를 지켰다"고 합니다. 설교를 들으면서도 '목사가 무슨 허튼소리를 하나' 듣고 트집을 잡으려 했습니다. 그런 마음으로 예배당에 앉아 있었으니 예배가 되었겠습니까? 결국 제풀에 지쳐 트집 잡기를 포기하고 교회를 떠나고 말았습니다. 그런데 그 후 얼마 지나지 않아 집사님은 디스크 파열로 응급수술을 받게 되었는데 그때 예배 시간에 들었던 말씀들이 떠올라 교회로 다시 돌아왔답니다. 말씀이 안 들려 교회를 떠났든 제가 미워 교회를 떠났든 그래도 다시 돌아왔으니 감사할 따름입니다. 어쨌든 말씀이 들렸기에 자기 죄를 깨닫게 되었고, 돌아온 탕자처럼 다시 아버지 품으로 돌아온 것입니다.

아내가 음녀의 꼬임에 넘어가 외도를 했지만, 예수의 증인이 되어 가정을 끝까지 지킨 남편 집사님의 나눔을 소개합니다.

"저희 부부는 오랫동안 교회를 다니며 성가대도 같이 하고, 운동도 여행도 자주 다니며 평생을 원앙처럼 잘 살아왔습니다. 그런데 저희 부부에게 해, 달, 별이 떨어지는 사건이 왔습니다. 아내의 외도 사건이 찾아온 것입니다. 자녀들이 계속해서 취업에 실패하고 갱년기까지 오자 심하게 우울증을 겪던 아내가 초등학교 동창회에 나가면서 문제가 생기기 시작했습니다."

여러분, 갱년기가 오고 흰머리가 생기기 시작한 나이인데도 외도는 할 수 있나 봅니다. 어쨌든 이 아내가 초등학교 동창회를 나가면서부터 그 심하던 우울증이 없어지고, 표정도 밝아지기 시작했답니다. 그래서 너무 좋았는데, 어느 날인가부터 각방에서 잘 것을 요구하고, 운동도, 여행도 함께 가기를 거절하더랍니다. 이를 수상히 여긴 남편 집사님이 뒷조사 끝에 아내의 외도를 확인하게 되었습니다(그래서 절대 남녀가 함께하는 동창회를 나가면 안됩니다.) 삼사십 대 젊은 부부 얘기가 아닙니다. 머리카락이 하얀

게 물든, 초로에 접어든 남편 집사님의 고백입니다.

"처음엔 '지금 내가 혹시 꿈을 꾸고 있는 게 아닐까' 싶었습니다. 그러나 곧 외도한 아내에 대한 분노와 억울함과 복수심으로 지옥 속에 빠져서 고통과 슬픔의 시간이 시작되었습니다. 그리고 의처증 증세까지 나타나 이 상담소, 저 상담소를 찾아다니며 심리, 치유, 교육상담을 받았지만 거기서 나온 결론은 딱 한 가지뿐이었습니다. 아내와 각자의 길을 가라는 것이었습니다. 즉, 이혼하라는 것이죠. 처음엔 저도 그 길밖에 없다고 생각했습니다. 그런데 어느 주일에 설교를 듣는데 '돈 좋아하고 사람 터렁하고 선긍을 탐하다가 속임수에 넘어간 나의 실체를 깨달으라'는 목사님의 말씀이 딱 저에게 해주시는 말씀 같았습니다. 그때부터 아내에 대한 저의 집착과 세상을 즐기며 살아가려는 저의 욕망이 바로 그 속임수의 실체라는 것이 느껴졌습니다. 아내를 외도하게끔 만든 실체가 바로 제 안에 있는 헛된 기대와 욕심인 것이 인정되었습니다. 아내와 함께 있어도 모든 시간을 카이로스로 보낸 것이 아니고 크로노스의 시간으로 보낸 저의 잘못이 깨달아졌습니다."

아내가 바람을 피울 때 남편들이 겪는 충격은 이루 말할 수 없이 크다고 합니다. 이런 걸 숫자로 증명할 수는 없지만, 남자들이 아내의 외도를 참아주는 것은 여자들이 남편의 외도를 참아주는 것보다 천 배, 만 배 어렵다고도 합니다. 여자들은 어디 가서 하소연이라도 하는데, 남자들은 '쪽이 팔려서' 어디 가서 하소연도 못 한답니다. 그만큼 힘들다고 합니다. 그런데 이분에게 용케도 말씀이 들렸습니다. 그러니 이런 엄청난 고난 가운데서도 아내 탓을 하지 않고 자기 죄만 보았던 것입니다. 이혼 생각도 접었습니다. 비록 지금도 각방을 쓰고 있지만, 끝까지 인내하며 살기로 했다는 것입니다.

그렇습니다. 속은 자가 구원의 선봉에 서야 합니다. 여호수아도 자신을 속인 기브온을 내치지 않고 끝까지 사랑했습니다. 그러므로 기브온으로부터 사죄의 고백을 받았습니다(수 9:24-25). 이것이 그리스도의 사랑입니다. 남편들의 아내에 대한 사랑도 이래야 합니다. 지금 내 아내가 아무리 부족해도 그 짐은 남편이 다 짊어져야 합니다. 내 아내가 내 십자가이기 때문입니다.

교회에서 운영하는 지역아동센터에서 일하던 한 여 집사님이 일을 도와주던 남자 성도와 배우자 문제에 대하여 서로 조언을 구하며 친밀해졌다가 급기야 '그렇고 그런' 관계가 되고 말았습니다. 뒤늦게 그 사실을 알게 된 남편 집사님은 20년 넘도록 교회를 섬기며 성실히 살아온 자신이 왜 이런 일을 당해야 하는지, 어떻게 이럴 수가 있는지, 주님의 불공평하심이 도저히 이해되지 않았습니다. 어떻게든 아내를 용서하고 살아보려 노력했으나 배신감 때문에 도저히 견딜 수 없던 이 남편은 결국 "용서해 달라"는 아내를 발로 차고 "다 죽여버리겠다"고 협박하여 내쫓아버렸습니다.

그런데 얼마 지나지 않아 이 남편 집사님이 우연히 제 저서《결혼을 지켜야 할 11가지 이유》를 읽고 고민 끝에 우리들교회에 다니기 시작했습니다. 집도 교회와 가까운 곳이 아닌 먼 지방에 있는데, 매주 두 아들을 데리고 오랜 시간을 달려와서 예배를 드렸습니다. 그리고 그런 간절함으로 예배드리다 보니 아내의 바람 사건이 우연이 아니고 하나님이 허락하신 사건이며 자신에게 필연적인 사건이라는 생각이 들더랍니다.

그래서 두 달간의 별거 생활을 끝내고 아내를 집으로 들어오게 했습니다. 자신이 그렇게 아내를 용서하면 언젠가는 하나님께서 아내 스스로 자기 잘못을 보게 하셔서 부부 사이를 회복시켜주실 것이라 믿었습니다. 그런데 그 상처가 쉬이 나을 리가 있겠습니까. 아내가 여전히 외도남과 연락하는 것 같은 의심이 들어서 다투는 날이 많아졌고, 이에 지친 아내는 또다시 두 아들을 남겨두고 사라져버렸습니다.

그 후 여러 방면으로 아내를 찾아보았지만 찾을 길이 없었습니다. '어디 가서 죽지는 않았나?' 걱정되면서도 '살아 있어도 이제 돌아오지 않겠구나!' 하며 아내를 포기하기에 이르렀습니다. 그리고 자신도 죽고만 싶었습니다. 그런데 그 지경이 되니 '내 힘으로 할 수 있는 것이 하나도 없음'이 인정되더랍니다. 그래도 아이들이 있으니 어떻게든 살아나기 위해 날마다 큐티를 하면서 말씀에 매달렸는데, 그때부터 조금씩 자신의 죄가 보이기 시작했습니다. 특히 신혼 시절 아내 몰래 윤락업소에 가서 음란을 행했던 죄가 생각나서 아내보다 자기가 더 썩은 죄인임이 깨달아지더랍니다.

"그때부터 이 사건이 저와 우리 가정의 구원 사건임이 인정되었습니다. 평생 외도녀로 주홍글씨를 새긴 채 십자가를 지고 살아야 할 아내가 너무 안쓰러워 아내를 진정으로 사랑하게 해달라고 기도하게 되었습니다."

그랬더니 그동안 전혀 행방을 알 수 없었던 아내가 이단에 빠졌다는 소식이 들려왔습니다. 사람이 한번 이단에 빠지면 벗어나기가 참 힘든데 그럼에도 이 남편 집사님이 아내를 잘 인내하고 섬긴 결과 아내가 스스로 가정으로 돌아왔습니다.

남편에게 말씀이 들리면 다 죽어가던 가정도 이렇게 살아날 수 있습니다. 말씀이 들리면 이처럼 아내를 진정으로 사랑할 수 있습니다. 아내가 바람을 피우고, 이단에 빠져도 그런 아내를 버리지 않고, 품고, 섬길 수 있는 것입니다. 이것이 진정한 사랑입니다.

적용하기

–

말씀이 잘 들리십니까?

아내를 사랑하기 위해 들어야 할 하나님 말씀, 아내의 말은 무엇입니까?

사랑하기 위한 부부사랑의 지침

🌱 조건 없는 사랑

인간적인 사랑은 영원할 수 없습니다. 언젠가는 식게 마련입니다. 그것이 영원할 줄 믿는 것이 문제입니다. 그 어리석음 때문에 사랑을 주고받기는커녕 서로 상처만 주고받습니다. 그러나 주님은 우리를 끝까지 사랑하십니다. 십자가에 못 박혀 죽기까지 사랑하십니다. 이것이 참사랑입니다. 남편이 아내를 죽기까지 사랑한다면 이보다 더 큰 사랑이 어디 있겠습니까?

🌱 실력 있는 남편

존경받는 남편이 되려면 최선을 다해 열심히 일해야 합니다. 많이 배우고 못 배우고가 중요한 게 아니라, 돈이 많고 적고가 중요한 게 아니라 자신이 하는 일에 최선을 다하고, 그 분야에서 최고가 되려고 노력하는 모습을 보여야 합니다. 남편이 영적으로 흔들리거나 하나님 중심의 삶을 살지 못하면 아내뿐 아니라 온 가족이 불안해합니다. 그러므로 남편은 영적인 실력도 키워야 합니다.

🌱 마음이 넓은 남편

사랑의 책임은 남편에게 있습니다. 사랑은 남편에게서 아내에게로 흐르게 되어 있습니다. 그러므로 아내를 사랑해야 비로소 자녀도 사랑할 수 있습니다. 자녀들은 자신이 부모의 사랑을 받는 것보다 부모가 서로 사랑하는 것을 더 기뻐한다고 합니다. 부부가 한방에서 자고, 서로 사랑하는 모습을 보여주는 것이 자녀에게 주는 최고의 가정교육입니다.

🌱 말씀이 들리는 남편

남자는 흙으로 지어지고 여자는 뼈로 지어졌습니다. 여자는 말 그대로 통뼈인데 흙먼지 같은 남자들은 하나님의 생기가 들어가지 않으면 얼마나 연약하고 부서지기 쉬운지 모릅니다. 그러므로 남자에겐 반드시 하나님의 말씀이 필요합니다. 남편에게 말씀이 들리면 다 죽어가던 가정도 살아나고, 아내를 진정으로 사랑할 수 있습니다. 아내가 바람을 피우고, 이단에 빠져도 그런 아내를 버리지 않고, 품고, 섬길 수 있습니다.

사랑하기 위해 기도하기

하나님 아버지!

아내 사랑하기를 그리스도께서 교회를 사랑하시고

그 교회를 위하여 자신을 주심같이 하라고 하십니다.

하지만, 아무리 제 몸의 지체라고 해도

집안일도 제대로 못 하고, 밥도 제때제때 못 하면서

매일 바가지를 긁는 이 아내를 도저히 사랑하기가 힘듭니다.

사랑하는 남편이 되기 위해서는 실력을 갖추고 마음을 넓히라고 하는데,

세상 살기가 여간 힘들지 않습니다. 그럴 겨를이 없습니다.

말씀이 들려도 여전히 순종 안 되는 것이 많고,

여전히 되었다 함이 없는 인생입니다.

불쌍히 여기셔서 내 아내를 사랑하는 것이 곧 나를 사랑하는 것이라는

말씀의 진리, 육체의 비밀을 깨닫는 은혜를 허락하옵소서.

제게 맡긴 아내와 자녀들의 영혼 구원을 위해

가장으로서의 사명 잘 감당하는 인생될 수 있도록 붙잡아주옵소서.

예수님 이름으로 기도합니다. 아멘.

공동체 고백

내야 할 반 세겔

얼마 전 아내와 심하게 싸웠습니다. 저는 재혼이고 아내는 초혼이라 신혼 초부터 갈등이 많았지만 나름 성품으로 넘기면서 산 지가 벌써 8년이 되어갑니다. 최근에는 아이들 육아 때문에 지치다 보니 살짝만 건드려도 서로 폭발합니다. 언젠가 토요일 오전이었습니다. 다음 날 주일예배 대표기도였던 저는 몸도 마음도 거룩하게 해야 한다는 생각으로 '오늘은 절대 싸우지 않겠다'고 다짐하던 참이었습니다.

그런데 아내는 전날 육아로 힘들었는지 아침부터 짜증을 부렸습니다. 저는 "또 사탄이 임했나 보네. 당신은 꼭 교회의 중요한 일을 앞두면 나를 그냥 두지 않더라"면서 맞받아쳤습니다. 아내는 잠시 후 물을 주려고 화분을 옮기는 저를 보고 대충대충 한다면서 또다시 짜증을 냈고, 저는 그만 화가 폭발해서 "제발 그만 좀 하라"는 고성과 함께 아내를 잡아 바닥에 내동댕이쳤습니다. 그 후로 10시간 동안 미친 사람들처럼 물불을 가리지 않는 육탄전이 계속되었습니다. 싸우다 지친 저는 "이제 제발 그만하고 이혼하자"라는 하지 말아야 할 말을 하고 말았습니다. 아내는 "이혼이 그렇게 쉽냐? 차라리 나를 죽이고 가라"면서 사력을 다해 저를 붙잡았지만 저는 뿌리치고 집을 나왔습니다. 그러면서도 속으로는 '화분에 물 주는 것 때문에 이렇게 싸워야 하나……'라는 생각에 어이가 없었습니다.

첫 결혼에 실패하고 인생의 바닥을 치고 있을 때 아내의 도움으로 신앙생활을 시작하여서인지 저는 늘 아내에게 영적인 도움을 기대했습니다. 그러나 정작 아내의 구원에는 관심이 없었고 교회 일에만 열심을 냈습니다. 아내와 다투고 집을 나왔지만 막상 갈 곳이 없어 집 근처 공원으로 향했습니다. 혈기는 식지 않고, '내 아내가 혈기 귀신이 들린 것 같은데 어떻게 고쳐야 하나? 앞으로 어떻게 같이 살지?' 하는 태산 같은 두려움이 몰려왔습니다. 그러면서 '나는 왜 아내에게만은 겨자씨만 한 제률도 되지 않을까?' 돌이켜보았습니다. 많은 이유가 있었지만 무엇보다 제게는 아내보다 저를 더 소중히 생각하는 악이 있었습니다. 이혼한 제 인생이 더 불쌍하고, 상처받은 저의 인격이 더 보호받아야 한다는 생각 때문에 아내를 불쌍히 여길 겨를이 없었던 것입니다.

그런데 "결혼생활에도 날마다 내야 할 반 세겔이 있다"고 하십니다(마 17:24). 성전의 주인이신 예수님이 반 세겔의 세금을 내신 것처럼 저 또한 결혼이라는 성전을 유지하기 위해 반드시 내야 할 세금은 바로 '자기애를 내려놓는 것'이라는 생각이 듭니다. 말도 안 되는 이유로 그날 하루를 힘들게 보냈지만, 그래도 공동체에서 들은 말씀대로 부부가 같은 방에서 자는 적용을 통해 실족할 뻔한 사건에서 무사히 넘어가게 하시니 감사합니다.

제4장

사랑의 신비

김양재 목사의 큐티설교 중에서 캐낸 보석 같은 어록 77

그러므로 사람이 부모를 떠나
그의 아내와 합하여 그 둘이 한 육체가 될지니
이 비밀이 크도다
나는 그리스도와 교회에 대하여 말하노라
그러나 너희도 각각
자기의 아내 사랑하기를 자신같이 하고
아내도 자기 남편을 존경하라

(에베소서 5:31-33)

부부가 서로 사랑받고 사랑하는 것이 너무나 중요하지만,
서로 수치와 무시를 잘 감당하는 것도 중요합니다.

부부가 서로를 알고 인정해준다는 것은 위대한 일입니다. 남편이
나보다 못한 부분이 있어도 나를 낮추며 섬기고, 남편도 아내의
나은 부분을 인정해주어야 합니다. 부부로 살면서도 서로를 인정
하지 못하고 말이 통하지 않으면 하나가 될 수 없습니다.

우리의 결혼생활에는 수많은 티와 주름이 있을 수밖에 없습니다. 어쩌면 죽을 때까지 노력해도 그 주름을 완전히 없앨 수 없을지도 모릅니다. 그래서 결혼의 목적이 거룩이라는 사실을 모르면 인생이 슬픈 것입니다.

제4장 사랑의 신비

결혼하면 누구나 예외 없이 자기 육체는 배우자의 것이 되고 배우자의 육체는 나의 육체가 됩니다. 첫 사람 아담도 그를 돕는 지체가 없었다면 불구와 다를 바 없었을 것입니다. 그런데도 자기 육체인 배우자를 미워하는 사람이 있으니 얼마나 어리석은 일입니까. 분열은 어떤 이유로도 용납될 수 없다는 사실을 기억하시기 바랍니다.

주님을 만났어도 자발적으로 복종하고 사랑하고 복종하는 것이 너무나 어렵기에 성경은 "사랑하라, 복종하라"는 말씀을 반복하고 있습니다. 부부생활을 진짜 잘하려면 나와 주님과의 비밀이 있어야 합니다. 주님을 만난 비밀이 있는 사람은 하지 말라고 해도 남편을 존경하고 아내를 사랑하게 됩니다.

하나님은 우리에게
하나님의 일을 시키시려고
가정을 주셨습니다.
영혼 구원의 사역을 위해
가정을 맡기셨습니다.
그런데 이를
육적인 공동체로 여기고,
에로스적으로 사랑하니
멸망할 수밖에 없는 것입니다.

결혼의 목적은 행복이 아니라 거룩입니다.

서로 다른 사람이 만나 한 몸이 되어 가는 과정에서

서로가 얼마나 죄인인지, 얼마나 부족한지를

깨닫고 거룩해져 가는 것입니다.

도저히 사랑할 수 없는 남편, 아내라도

구원을 위해 복종하고 사랑할 때 하나님께서

나를 흠이 없게 하시고 거룩하게 하십니다.

허물이 많은 나를 깨끗케 하신 그리스도의 사랑으로

배우자의 흠을 용납하는 것이

결혼생활을 잘하는 비결입니다.

지금의 내 아내, 내 남편은 하나님이 정해주신 배필입니다. 그들의 영혼 구원을 위한 하나님의 계획이 내 가정 안에 있습니다. 그 가정을 위해 나 한 사람이 순종함으로 우리 가족 모두를 구원시킬 수 있습니다.

사랑의 특징은 기억하는 것입니다. 사랑하면 그 사람의 모든 것을 기억하게 되고, 기억하려고 애씁니다. 연애할 때는 만난 지 100일, 200일 잘도 기억하고 챙깁니다. 하지만 결혼하면 배우자의 생일을 잊기가 십상입니다. '남편이 결혼기념일을 잊었네', 이런 치사한 것에 목숨 걸지 말고 생명의 주인이신 예수님, 나를 살리신 하나님만 기억합시다. 그러면 억울할 것도, 서운할 것도 없습니다.

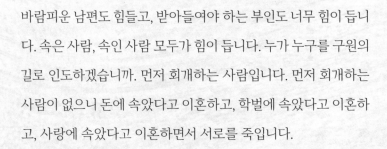

일단 결혼해서 한 가정을 이루면 그 권속 중에 남편도, 아내도, 자식도, 그 누구도 버릴 수가 없습니다. 아무리 싫어도 하나님의 이름으로 이룬 가정이기에 다른 선택이 있을 수 없습니다. 선택이 없다는 것을 인정하는 게 가장 잘 사는 길입니다.

바람피운 남편도 힘들고, 받아들여야 하는 부인도 너무 힘이 듭니다. 속은 사람, 속인 사람 모두가 힘이 듭니다. 누가 누구를 구원의 길로 인도하겠습니까. 먼저 회개하는 사람입니다. 먼저 회개하는 사람이 없으니 돈에 속았다고 이혼하고, 학벌에 속았다고 이혼하고, 사랑에 속았다고 이혼하면서 서로를 죽입니다.

내 남편이, 내 아내가 잘못했다고 이혼하는 것은 적을 진멸하는 승리가 아닙니다. 내 배우자가 아무리 큰 잘못을 저질러도 내가 먼저 버려서는 안 됩니다. 가정이든, 직장이든 쫓겨날지언정 내가 먼저 깨뜨리고 나와서는 안 됩니다. 그렇기에 이혼을 당하는 것이 내가 이혼을 요구하는 것보다 이기는 전쟁입니다. 하나님이 그 환경을 변화시켜주실 때까지, 끝까지 내가 당하고 있으면 그것이 이기는 전쟁입니다. 내가 잘못한 것이 없는데 왜 두려워합니까. 이것을 해석 못 하니 모두가 이혼하는 것입니다.

내게 주어진 삶의 모든 상황은
모두가 하나님이 구별해서
주신 것입니다. 각자의 분깃입니다.
하나님이 뽑고, 뽑고, 또 뽑아서 주신
남편이고 아내입니다.
이것을 인정하는 것이 축복입니다.

결혼식 때의 서약처럼 병들고 아파도, 돈 없어 가난해도, 술독에 빠져 있어도 '하나님이 짝지어주신 것을 사람이 나눌 수 없다'는 말씀대로 내 가정을 지키는 것이 가장 거룩한 땅, 비전의 땅을 지키는 것입니다. 하지만 이미 이혼을 했다면 이런 말씀에 상처받지 마십시오. 또 다른 어려운 신지들이 있을 것입니다. 그곳에서 내 사명을 깨닫고 지금부터 순종하면 됩니다. 하나님이 책임지실 것입니다.

예수가 없는 가정은 시간이 지날수록 망할 일밖에 없습니다. 예수가 없는 가정은 99%도 아닌 100% 망할 수밖에 없습니다. 성경이 그랬습니다. 사람은 사랑할 수 없습니다. 사랑을 만들 수도, 지을 수도 없습니다. 그냥 돈이 있고, 외모가 받쳐주기에 사랑한다고 착각할 뿐입니다. 돈 떨어지고, 병에 걸리면 육적인 사랑의 현주소는 다 드러나게 되어있습니다.

하나님 때문에
용서할 수 없는 사람을 용서하고,
사랑할 수 없는 사람을
사랑하는 걸 보여 줘야 합니다.

♥

내가 전심으로 베푼 사랑의 열매를 나는 못 보고 갈 수 있습니다.
그래도 나는 사랑만 부으면 됩니다. 그다음에는 하나님이 역사
하십니다.

♥

남편이 바람을 피우고, 아내가 카드빚을 져서 갈등이 일어났다고
해도 내가 하나님의 자녀이기 때문에 먼저 내 죄를
보아야 합니다. 그래야 상대방을 용서할 수 있고, "아, 저 사람
이 정말 예수 믿는 사람이구나" 하는 소리를 들을 수 있습니다.

화평을 이룬다는 것은 내 입장에서 잘한다고 되는 게 아닙니다. 잘해준다고 하면서 상대방의 입장을 전혀 배려하지 않는 것은 도리어 불행의 원인이 됩니다. 자기 죄를 모르는 사람은 100% 자기 중심적이기 때문에 자기밖에 모릅니다. 그래서 사랑이라는 이름으로 자기 욕심을 들이대며 상대방에게 상처를 주고 싸움을 일으키는 것입니다.

성性의 즐거움은 하나님이 주신 선물입니다. 결혼한 부부가 성관계를 즐긴다고 해서 죄의식을 느낄 필요는 전혀 없습니다. 건강이 허락되지 않는 경우 외에, 결혼하고도 성행위를 거부하는 것은 또 다른 형태의 음란과 간음이라고 할 수 있습니다. 하나님이 부부간에 주신 이 기쁨을 부부가 아닌 다른 사람과 즐기는 것이 간음입니다.

배우자가 부정을 행하고 음행의 연고가 있어도 나 역시 하나님 앞에 죄인이라는 것을 인식하면 우리는 이혼을 안 하고 가정을 지킬 수 있습니다. 이혼하지 말라는 것은 하나님의 명령입니다. 하나님을 신뢰하기에 내 권리를 행사하지 않는 것, 그것이 온전함을 이루는 인생입니다.

우리는 누군가를 사랑하는 것만큼 미워합니다. 인간의 사랑은 사랑하는 것만큼 미워하게 돼 있습니다. 하지만 내가 하나님과 얼마나 원수 되었던가를 생각한다면 남을 미워할 수가 없습니다. 예수님을 믿으면서 누리는 가장 큰 축복이 원수를 사랑하는 것입니다. 나를 핍박하는 자를 위해서 기도하는 것입니다.

날마다 서로 행복한 미소를 지으면서 "여보, 사랑해"를

속삭인다고 그것으로 부부관계가 다 좋아지는 것은 아닙니다.

때로는 화도 내고, 할 말도 하고, 서로 한 몸이 돼서

지지고 볶아야 합니다.

죄인인 남녀가 결혼해 살다가 자식을 낳으면

자식 죄인이 하나 더 추가됩니다.

그렇게 죄인들끼리 자꾸 모이는데

어떻게 행복한 미소만 짓고 살 수 있겠습니까?

남남인 사람들이 만나 가족을 이룬다는 것 자체가

얼마나 아슬아슬하게 묶여 있는 관계인지 모릅니다.

끊어질 듯 끊어질 듯 가느다란 실로 묶인 것이

부부관계입니다.

"내가 당신한테 이렇게 했으니까
당신도 이렇게 해야지" 하는 것은 사랑이 아닙니다.
내 기분이 좋을 때만 표현하고 내 마음이 가는 대로
행동하는 것도 사랑이 아닙니다.
살다가 싫증이 났다고 새로운 사람을 찾아다니는 것도
사랑이 아닙니다. 그것은 변덕스러운 섬김이고,
거짓된 사랑입니다.
상대가 영적으로, 정신적으로,
육적으로 건강하기를 바라고
성장하기를 바라는 것, 그것이 사랑입니다.

부부가 서로를 사랑한다고 해도 그 속에 악한 일들이 일어납니다. 그러나 그것을 악으로 갚지 않고 선을 도모히기 위해서는 이픔과 기도, 그리고 노력이 필요합니다. 날마다 쳐다보면서 "사랑해, 사랑해"를 외친다고 사랑이 지켜지는 게 아닙니다.

한 가족으로 만났어도 이해타산이 개입된 정욕의 사랑을 하면 거짓이 왕 노릇 합니다. 서로를 속이고 거짓말을 하면서 어떻게 사랑한다고 할 수 있겠습니까? 서로를 속이는 사랑은 상처 난 사랑, 병든 사랑, 곪은 사랑입니다.

사랑은 행함입니다.
필요를 채워주는 것입니다.
먼저 전화하고, 찾아가고
그것만 해도 사랑이 시작됩니다.
잘못을 저지른 상대에게
"미안해요. 용서해주세요"
한마디만 해도
사랑의 감정이 살아납니다.
따뜻한 밥 한 끼 챙겨주면서
"맛있게 먹어" 한마디만 해도
사랑이 살아납니다.
그래서 사랑은 행동입니다.
의지입니다.

내 배우자가 아무리 나를 힘들게 해도 하나님이 허락하신 십자가를 잘 지고 가야 합니다. 배우자가 싫어서 이혼하면 다른 어떤 사람을 만나도 못 견디고 또 헤어지게 됩니다. 황금 십자가가 화려해 보인다고 나무 십자가를 내려놓고 황금 십자가로 바꾸면 무거워서 둘러멜 수가 없습니다. 향기가 아름답다고 장미 십자가로 바꾸어 메면 가시에 찔려 피를 흘리게 됩니다.

성벽 중수의 마지막에 침방이 언급됩니다(느 3:30, 개역한글).

침방 관리에 허점이 생기면

성벽에 구멍이 뚫립니다.

그러므로 무너진 가정을 중수하는 데

특별히 중요한 것이 침방 관리입니다.

깨어진 부부관계가 회복되기 위해서

서로의 눈을 마주 보고 대화하고 만지고 안아주는

연습이 필요합니다.

침방을 잘 관리하는 것이
곧 하나님의 성전인 우리 몸을
거룩하게 지키는 비결입니다.

배우자가 나를 배반하는 것은 배우자의 구원보다 돈 벌어주는
것, 나한테 잘해주는 것만 원했기 때문입니다. 모든 것이 내 삶의
결론입니다. '그럴 줄 몰랐다'는 원망은 그만두고 '미안하다'는 말을
해야 합니다. 믿음보다 돈과 성공이 우상이었던 내 죄를 인정하고
"내 잘못이다, 미안하다"고 고백할 때 대적의 꾀가 폐해
지는 것입니다.

우리의 결혼도 벗어버리고 싶은 갑옷 같습니다.

날마다 순간마다 훌훌 벗어버리고 가볍게 살고 싶습니다.

그러나 평소에는 불편한 갑옷이

전쟁이 일어나면 나를 보호해줍니다.

힘든 결혼생활이라도 그것을

벗어버리지 않고 지키고자 할 때

"하나님의 전신 갑주"(엡 6:13)가 되어

나와 가족을 지켜줍니다.

그래서 벗고 싶던 결혼의 갑옷에 감사하게 됩니다.

하나님께서 짝지어주신 결혼에 감사하며

그것을 지키고자 하는 마음이 갑옷을 벗지 않는 적용입니다.

결혼은 새로운 세계의 창조입니다. 빨간색 남편과 파란 색 부인이 만나 둘 중 한 색깔로 남는 것이 아니라 완전히 새로운 색깔로 창조되는 것이 하나님이 짝지어주신 부부의 본질입니다. 부족한 둘이 만나서 하나님의 본래 뜻대로 건강한 한 몸이 되는 것입니다. 그 과정에서 당연히 아픔이 있을 수밖에 없습니다. 그러나 서로 맞춰 가는 과정이 힘들다고 상대방을 완전히 버려서는 안 됩니다.

"한 몸이 될지니라"는 명령입니다. 둘이 한 몸 되는 부부가 최고입니다. 그러나 인간의 힘으로는 한 몸이 될 수 없습니다. 나의 반을 버리고 상대방의 반을 채워야 하기 때문입니다. 당연히 한 몸이 되기까지는 아픔이 따릅니다. 그래서 결혼의 목적은 행복이 아니고 거룩입니다.

결혼하고 나면 '옳고 그름'은 없습니다. 배우자가 괴롭힌다고, 때린다고, 돈 안 준다고, 이런 기준으로 '안 살아도 된다'고 하면 같이 살 사람이 누가 있겠습니까? 결혼은 '옳고 그름'이 아닙니다. 결혼생활이 힘든 것은 나 자신의 욕심과 죄를 깨달으라고 주신 하나님의 징계이기 때문입니다. 이걸 세상 방법으로 피해 보겠다고 하면 더 힘든 일이 기다리고 있습니다.

행복이 목적이니
생일에 꽃 안 사 와서 싸우고,
남편이 바람피웠다고
자살 소동을 벌이는 것입니다.
모든 일을 내 배우자의
구원에 두면 세상 사람과는 다른
사랑을 할 수 있습니다.

제4장 사랑의 신비

부부 질서의 우선순위는 남편에게 있습니다. 남편의 인격에 순종하는 것이 아니라 **남편의 역할에 순종**해야 합니다. 아내의 역할에 잘 순종하면 남편 사업이 망해도, 자녀가 대학에 떨어져도, 병에 걸려도 안 놀랍니다. 오히려 그것으로 인해 심령이 가난해지는 것에 감사할 수 있습니다. 예수 믿는 사람은 먼저 남편에게 순종하는 것으로 다른 사람들에게 본을 보여야 합니다.

평소에 남편을 무시하던 사람도 막상 남편이 죽으면 "지게꾼 남편이라도 있었으면 좋겠다" 하고, 남편을 우상처럼 바라보던 사람은 "따라 죽겠다"고 합니다. 그러나 이것은 남편이 살아서나 죽어서나 불순종하는 일입니다.

예수님과 관계를 잘 맺고 있는 부부는
서로 사랑하고 복종하는 데 문제가 없습니다.

아무리 힘든 남편도 하나님 때문에 순종하고 섬기면

하나님이 그 남편을 책임지십니다.

그래서 어쩔 수 없이

순종하고 사는 것도 축복입니다.

사랑받고 싶은 아내 존경받고 싶은 남편

내가 누리던 것을 못 누릴까 봐 상대방 말을 듣는 것은 맹종입니다. 맹종하면 내가 아무리 잘해도 상대방에게 무시만 당합니다. 진정한 사랑으로 배려하는 것이 순종입니다.

남편이 아무리 술을 먹어도, 바람을 피워도 끝까지 사랑해주는
부인이 있으면 제자리로 돌아오게 돼 있습니다. 집을 나가도 괜찮
습니다. 밖에는 자신을 가족만큼 사랑해주는 사람이 없기 때문에
언젠가는 돌아오게 돼 있습니다.

나를 속인 남편이 문제가 아닙니다. 내 남편이 원수가 아닙니다. 끝내 용서하지 못하는, 싫어하는 내 마음이 원수입니다. 내 속의 유혹과 탐심이 원수입니다.

하나님이 주신 가정에서 한 사람을 위해 내가 평생 순종하는 것은 그 어떤 선교보다 위대한 사명입니다. 그 사명을 잘 감당하면 하나님은 항상 좋은 것으로 우리에게 응답하십니다.

아무리 배우자 고난이 있어도
제자리를 잘 지켜야 합니다.
지금은 몰라도 두고두고 그것이
사랑의 증거가 됩니다.

배우자가 바람을 피워도 말씀을 묵상하면서

"남편에게 문제가 있는 것이 아니라,

사랑보다 욕심이 앞섰던

제가 죄인이라는 것을 알았어요" 하고

고백하면 모두가 기이히 여깁니다.

고난 가운데 주님을 신뢰하면서,

안 믿는 사람들은 죽었다 깨어나도 못할

용서와 사랑을 보이면 불평과 미움의 바람,

증오와 정욕의 바람도 그 앞에서 잠잠해집니다.

우리는 행복에 주리고, 돈에 주리고,
애정에 주려 있습니다. 그 모습이 얼마나
매력 없는 것인지 알아야 합니다.
누군가에 굶주려 있으면 그럴수록
상대방은 도망가게 돼 있습니다.
배우자에게 굶주려 있으면 그 부담을 견디지 못해서
다 밖으로 도는 것입니다.
사람에 주리고 세상에 주리면 더 비참한
목마름과 주림만 경험할 뿐입니다.

내 배우자와 어떤 선물을 주고받아도
사랑이 담겨 있지 않으면 다 헛것입니다.

"돈도, 좋은 집도, 좋은 차도 아니고, 오직 당신의 구원만 원한다"

는 것을 삶으로 보여주는 것이 뱀같이 지혜롭고 비둘기같이 순결

한(마 10:16) 삶입니다.

제4장 수행의 산물

두려움은
내 욕심 때문에 생기는 것입니다.
배우자에게 바라는 것이
많기 때문에 두려운 것입니다.

남편의 외도 때문에, 아내의 낭비벽 때문에 내가 피해자가 되어도
하나님의 은혜로 구원을 받았다면 회개는 나의 몫입니다. 문제
많은 배우자는 하나님의 사랑을 모르기 때문에 술과 음란과 낭비
로 몸부림치는 것입니다.

배우자와 자식은 내가 져야 할 멍에입니다. 그 멍에가 싫다고 벗어
버리면, 다시 무거운 짐이 기다릴 뿐입니다.

우리는 분별하되 순종해야 합니다. 악한 남편이라도 그를 위해
기도하고 순종해야 합니다. 이 땅의 잣대가 아닌 하나님의 의의
잣대로 분별하고 순종해야 합니다.

내 배우자가 "사랑한다"는 말을
안 해서 속상합니까?
곁에 있어 주기만 해도
최고로 여기십시오.
주님을 모르면서
사랑한다고 말하는 사람이
더 수상한 겁니다.
주님을 모르는 사랑은
사랑이 아닙니다.

부부간에 최고의 사랑은 영혼에 대한 사랑이고, 그 사람이 예수 믿게 하는 것입니다. 배우자를 위해 힘써 기도하고 유리그릇처럼 조심조심 다루는 것이 얼마나 큰 사랑인지 알아야 합니다.

"내 배우자가 바람을 피웠어도 그 사건으로 인해 내가 주님을 부를 수 있어서 감사하다"라는 고백이 있어야 진정한 회개와 용서, 그리고 회복이 시작됩니다.

사랑은 상대방을 편하게
해주는 것입니다.
원망의 말, 의심의 말을
하지 말아야 합니다.
진정 사랑한다면 굳이
말하지 않아도 서로를
알 수 있는 것입니다.

순종은 그저 비굴하게
"네, 네" 하는 것이 아닙니다.
가만히 있는 것이 순종이 아닙니다.
이타적인 목적과 구원을 위해서는
적극적으로 할 말을 하면서
자기 자리를 지키는 것이 순종입니다.
무서워서 순종하는 것이 아니라
구원 때문에 순종하는 것입니다.

대부분 남편의 힘이 더 셉니다. 그런데 흙으로 만든 남자는 뼈로 만든 여자보다 태생적으로 열등감이 심합니다. 그래서 툭하면 오기를 부리고 주먹을 사용합니다. 여자는 남편의 힘이 세다는 걸 인정하면 되는데 "주먹만 세면 다냐!" 하면서 오기를 부립니다. 그런데 '주먹이 세면 다인 것'이 세상의 원리입니다. 이 세상 전쟁이 이 원리로 일어났습니다.

우리의 모든 문제는 얄량한 자존심에서 비롯됩니다.

배우자가 바람을 피워도 자존심 때문에 걸려 넘어집니다.

믿음이 없으면 더욱 그렇습니다.

"믿음에 덕을, 덕에 지식을, 지식에 절제를, 절제에 인내를,

인내에 경건을, 경건에 형제 우애를,

형제 우애에 사랑을 더하라"(벧후 1:5-7)고 합니다.

즉, 믿음의 결론이 사랑입니다. 내가 주님의 마음으로 내 배우자를 사랑하려면 이렇게 여러 단계를 거쳐야 합니다. 정말 어렵습니다. 이런 많은 과정과 훈련이 필요하다는 것을 알게 되면 배우자를 함부로 판단하거나 정죄하지 못합니다.

사랑의 반대말이 무엇일까요. 증오일까요? 증오는 관심이라도
있기에 갖게 되는 감정입니다. 사랑의 반대말은 무관심
입니다.

하나님은 원수를 사랑하라고 하십니다. 나를 괴롭히는 남편, 내 자존심을 짓밟는 아내일수록 더 사랑하라고 하십니다. 하나님은 나의 의지를 드려서 그를 사랑하기 원하십니다.

내가 가진 것으로는 그 누구도 사랑할 수 없다는 것을 아는 것이 영적인 사랑입니다. 내 부족함을 인정할 때 진정한 사랑을 할 수 있습니다. 그것이 거짓 없는 사랑입니다.

위선적인 사랑은 사람의 관심을 끌려고 노력합니다. 그래서 사랑
하기 쉬운 상대만 선택합니다. 내 만족이 사랑의 목적이기 때문에
상대방을 기쁘게 할 수 없습니다.

내 배우자를 내 몸같이 사랑하려면 내 몸을 귀히
여기시는 하나님의 사랑을 뼈저리게 느껴야 합니
다. 그 사랑이 채워져야 음욕과 미움을 물리칠 수 있습니다.

사랑해서 하는 일은 힘들어도 기쁨으로 하게 됩니다. 사랑해서 하
는 일은 대충 하는 법도 없고, 시간에 늦는 법도 없습니다. 사랑
으로 하는 일이 거룩한 일이 되고, 사랑이 있는 곳
이 성역聖域이 됩니다.

살면서 단 한 번이라도
이혼을 생각하지 않은 부부는
없을 것입니다.
서로에게 실망해도
믿음이 있는 사람은
그럴 때 나의 이기심과 죄를 보고
회개하며 돌이켜야 합니다.
그것이 결혼의 목적인
거룩을 이루는 것입니다.

내 배우자와 다투지 않고 외치지 않으며 한 줄로 잘 묶여 있어야
내 속에 내 배우자를 심판하고자 하는 마음이 사라지고 구원과
사랑의 마음이 생깁니다.

내 죄에 대해 애통함이 없는 사람은
남을 사랑할 수 없습니다.

사랑은 사랑으로만 갚을 수 있습니다.
주님의 사랑을 아니까 죽음보다 강한 사랑을 하는 것입니다.

최고의 사랑은 영혼에 대한 사랑입니다.
내 배우자를 예수 믿게 하는 것이
얼마나 큰 사랑인지 알아야 합니다.

결혼은 서로를 위해서 무거운 짐을 더 많이 지기 위해 하는 것입니다. 배우자뿐만 아니라 그 가족과 형편, 처지 전부를 같이 짊어지고 가기 위한 것입니다.

여자로서 매력이 있다고 해도 그것은 썩을 면류관일 뿐입니다. 젊음도 미모도 썩어질 면류관입니다. 남녀 간의 사랑도 하나님의 은혜가 임하지 않으면 썩어집니다.

부부간에 코드가 맞는 것은 큰 축복입니다. 서로 코드가 맞으면 어떤 힘든 일도 함께 헤쳐 나갈 수 있습니다. 돈이 없고, 어쩌고 하는 것이 문제가 아닙니다. 서로 하나가 된다면 아무리 큰 전쟁에서도 승리할 수 있습니다.

부부간에 말이 없으면 사소한 것부터 오해가 생기고, 그것이 풀어지지 않으면 골이 깊어집니다. 그래서 사탄의 밥이 되고, 아무것도 아닌 일로 분열이 됩니다. 부부는 대화해야 합니다.

결혼생활도 예배입니다.
어떤 가정환경에서도 순종하는 내가
'축복의 통로'입니다.

사랑받고 사랑하고

부부사랑의 비밀이
달리 있는 것이 아닙니다.
말씀을 듣고, 내 죄를 보고,
내 배우자의 영혼 구원을 위해
살면 됩니다.
부부가 연합되어
서로 사랑받고 사랑하는
비밀과 비결이 여기에 있습니다.